発達・学習の心理学

多鹿秀継　竹内謙彰

［編著］

学文社

| 執筆者 |

*多鹿　秀継	愛知教育大学（1章）
遠山　孝司	名古屋大学大学院（2章）
石田　靖彦	愛知教育大学（3章）
*竹内　謙彰	愛知教育大学（4章）
小嶋　佳子	愛知教育大学（5章）
原　幸一	三重短期大学（6章）
﨑濱　秀行	名古屋学芸大学短期大学部（7章）
丸山真名美	三重中京大学短期大学部（8章）
菊島　勝也	愛知教育大学（9章）
杉浦　淳吉	愛知教育大学（10章）
藤井　恭子	愛知教育大学（11章）
川口　敦生	愛知県立芸術大学（12章）
中谷　素之	大阪大学（13章）
伊藤　崇達	愛知教育大学（14章）

（執筆順・＊は編者）

はしがき

　本書は，教育職員免許法施行規則に定められた「教職に関する授業科目」の第3欄「教育の基礎理論に関する科目」に含めることが必要な事項である「幼児，児童及び生徒の心身の発達及び学習の過程（障害のある幼児，児童及び生徒の心身の発達及び学習の過程を含む．）」（以下では，「発達と学習の過程」と省略して記述）の内容に対応するテキストとして編纂されたものです．

　「教職に関する授業科目」のなかで，「発達と学習の過程」に関する内容の科目は，多くの大学において，「発達と学習」，「発達と学習の心理学」，あるいは「教育心理学」といった科目名をつけて，授業が実施されています．本書は，これまでの発達心理学や学習心理学の研究で明らかにされた基本的な事項を基礎にして，そのような基礎の研究成果と学校教育の場における児童・生徒の営みとを結びつけることによって，幼児期から青年期までの児童・生徒の発達と学習の過程を，わかりやすくかつ簡潔にまとめた内容で構成されています．それゆえ，児童・生徒の発達と学習の過程を理解するためのテキストとして，本書の活用を願っています．

　本書の特徴は，次の2点にまとめることができます．それらの特徴は，発達心理学研究と学習心理学研究の不易流行に基づいて取捨選択されたものです．

　第1に，本書が教職の基礎理論を構成する科目の性格から，これまでの発達心理学と学習心理学の研究で得られた基本的な成果は，幅広く取り上げました．発達心理学では，認知の発達と社会性の発達を中心に基本的な事項を取り上げ，学習心理学では，行動主義心理学と認知心理学の基本的な事項を取り上げています．

　第2に，障害児・者の発達・学習の過程の特徴も，必要に応じて，いくつかの章で言及しています．言及しているそれぞれの章を参照することで，より深い理解と適切な学習指導の工夫につながります．

本書は，多くの執筆者の協力を得てできあがったものです．この場を借りてお礼申し上げます．また，本書の編集に多大のお骨折りをいただいた学文社編集部の三原多津夫さんと落合絵理さんに，心から謝意を表します．
　2007年1月

編著者

| 目　次 |

はしがき　i

1章　発達・学習と学校教育 …………………………………… 1
1節　発達と学習の概念　1
1．発達とは何か・学習とは何か　1　／2．遺伝と環境　4
3．発達の臨界期と敏感期　6　／4．発達・学習の過程　7
5．生涯発達・生涯学習　9
2節　発達・学習と学校教育　10
1．教育の場における発達・学習　10　／2．発達・学習と学習環境の設定　11

2章　学校教育と個人差の心理学 …………………………………… 14
1節　学習場面における個人差　14
1．学習内容に関連する個人差　14　／2．学習時間に関連する個人差　15
3．学習者の適性に関連する個人差　15
2節　個人差に対応する学習指導　16
1．プログラム学習　16　／2．完全習得学習　16
3．集団的学習指導　17　／4．クラス編成による個人差への対応　17
3節　学校生活における「障害」という個人差　18
1．自閉症スペクトラム　19　／2．カナー症候群　19
3．アスペルガー症候群，高機能自閉症　21　／4．学習障害（LD）　23
5．注意欠陥多動性障害（ADHD）　23　／6．その他のさまざまな心理的な問題　24
7．障害や心理的な問題のある児童・生徒への対応　25

3章　発達と学習の研究法 …………………………………… 28
1節　心理学における測定　28
1．信頼性　28　／2．妥当性　30
2節　心理学における研究方法　31
1．横断的研究と縦断的研究　31　／2．相関的研究　32　／3．実験的研究　33
3節　心理学におけるデータの収集法　35

1．観察法 36 ／2．質問紙法 37 ／3．面接法 38 ／4．心理検査法 39

4章　発達の諸理論 ……………………………………………40

　1節　発達理論を学ぶ意義　40
　2節　認知発達の諸理論　41
　　　1．ピアジェの理論 41 ／2．情報処理理論 42
　　　3．中核的知識の理論 43 ／4．社会文化的理論 45
　3節　社会的発達の諸理論　47
　　　1．精神分析理論 47 ／2．学習理論 49 ／3．社会的認知の理論 50
　　　4．比較行動学理論 51 ／5．ブロンフェンブレンナーの生態学的理論 52
　4節　まとめ　53

5章　身体と運動機能の発達 ……………………………………54

　1節　身体の発達　54
　　　1．身体の発達パターン 54 ／2．身体・体重の発達 55
　　　3．性的成熟 57 ／4．発達加速現象 58
　　　5．子どもの身体と健康 59 ／6．身体の発達が心理面に与える影響 60
　2節　運動機能の発達　60
　　　1．乳幼児期の運動発達の原理 60 ／2．児童期，青年期の運動能力の変化 61
　　　3．運動と認知や自己の発達 63 ／4．運動における個人差と指導 64

6章　知覚と記憶の発達 …………………………………………67

　1節　知覚の発達　67
　　　1．原始反射 67 ／2．乳幼児の知覚とその発達 67
　2節　記憶のシステムと種類　70
　　　1．感覚記憶 71 ／2．作業記憶・短期記憶 72 ／3．長期記憶 73
　3節　記憶の発達　74
　　　1．記銘量と処理の発達 74 ／2．記憶方略とメタ記憶の発達 75
　　　3．実行機能 76
　4節　障害と障害をもつ子どもの記憶　76
　　　1．知的障害をもつ子ども 76 ／2．広汎性発達障害 77
　　　3．学習障害 77 ／4．注意欠陥多動性障害 78

7章　読み書きの発達 …………………………………………………………80

 1節　読みの発達　80
  1．乳幼児期における「読み」の発達　81　／ 2．児童期・青年期における「読み」の発達　82　／ 3．「読み」の障害　84
 2節　書きの発達　86
  1．乳幼児期における「書き」の発達　86　／ 2．児童期・青年期における「書き」の発達　87　／ 3．書くことの障害　88

8章　思考と知能の発達 ………………………………………………………92

 1節　思考の種類とその発達　92
  1．思考の種類　92　／ 2．思考の発達　93　／ 3．思考の発達の規定因　96
 2節　知能のとらえ方と発達　96
  1．知能とは何か？　96　／ 2．知能の構造　97
  3．知能の測定　99　／ 4．知能の発達　100
 3節　思考と知能の障害　102
  1．知的障害　103　／ 2．学習障害　103

9章　パーソナリティと情動の発達 ……………………………………105

 1節　パーソナリティとは何か　105
 2節　パーソナリティをどうとらえるか　105
  1．類型論　105　／ 2．特性論　106　／ 3．精神分析のとらえ方　107
 3節　パーソナリティの発達　109
  1．パーソナリティ発達の考え方　109　／ 2．パーソナリティの発達と支援　109
  3．パーソナリティを判断するときの問題　111
 4節　情動の発達の道筋　113
  1．アタッチメント　113　／ 2．分離－個体化理論　114

10章　社会性の発達 …………………………………………………………119

 1節　対人認知と愛着の形成　119
  1．対人認知の発達　119　／ 2．愛着の形成と対人関係の発達　121
  3．家族との関係　122
 2節　対人関係の発達と役割取得　123

1．仲間関係と友人関係　123　／　2．役割取得の発達　124

　3節　集団行動の発達と社会の理解　126

　　1．集団行動の発達における遊び　126　／　2．向社会性・非社会性・反社会性　127

11章　道徳性の発達 ………………………………………………………131

　1節　道徳とは何か　131

　　1．「道徳」の定義　131　／　2．学習指導要領からみる「道徳性」　132

　2節　道徳性の発達理論　133

　　1．道徳性の発達における3つの立場　133　／　2．情動的側面　133

　　3．認知的側面　134　／　4．行動的側面　141

　3節　道徳教育のアプローチ　142

12章　学習の諸理論 ………………………………………………………146

　1節　行動主義的学習観（連合理論の学習観）　146

　　1．古典的条件づけ　147　／　2．道具的条件づけ　148

　2節　認知論的学習観　150

　　1．ケーラーの洞察学習　151　／　2．トールマンの潜在学習　151

　　3．バンデューラの観察学習　153

　3節　認知心理学による学習研究　155

　　1．宣言的知識の獲得　155　／　2．手続き的知識の獲得　156

　4節　状況的学習論　157

　5節　学習の転移　158

13章　動機づけと学習 ……………………………………………………161

　1節　動機づけとは　161

　　1．2つの動機づけ　161　／　2．動機づけの発達的変化　162

　2節　動機づけを理解する枠組み―動機づけの諸理論　163

　　1．原因のとらえ方―帰属理論　163　／　2．何を目標にするか―目標理論　165

　3節　外発から内発へ―自己決定理論　166

　4節　教室で育てる動機づけ　168

1．動機づけを高めるクラス構造　168　／2．教室の人間関係と動機づけ過程　169　／3．社会的責任目標と動機づけ過程　173

14章　授業過程と学習……………………………………………176
　1節　授業過程　176
　　　1．授業過程とは何か　176　／2．授業過程を規定するもの　177
　2節　授業理論　178
　　　1．プログラム学習　178　／2．完全習得学習（マスタリー・ラーニング）　179
　　　3．有意味受容学習　179　／4．発見学習　181
　3節　授業形態　183
　　　1．3つの授業形態　183　／2．グループ学習　184
　4節　自己調整学習─自ら学ぶ力　186
　　　1．自ら学ぶ力と生きる力　186　／2．自己調整学習とは　186
　　　3．自己調整学習の過程　187

　索　引　189

｜発達・学習の心理学｜

1章 発達・学習と学校教育

　子どもは，日々の生活のなかでさまざまな経験を繰り返しながら成長している．心理学において，発達と学習は，子どものこのような成長の仕組みを解き明かし理解するための重要な研究領域であるだけでなく，教育の営みをより適切に遂行するために理解を深めるべき必須の領域でもある．それゆえ，教職科目としての「発達と学習」を学ぶ人は，心理学における発達と学習の概念，並びに発達・学習と学校教育との関連の理解を深めることが求められる．ここでは，発達と学習の概念の理解，発達と学習が遺伝と環境によって複雑に影響を受けていること，および発達と学習の多様なとらえ方を説明する．次いで，子どもの発達・学習を理解することが，学校教育においてどのような意義をもっているかを述べる．

1節　発達と学習の概念

1．発達とは何か・学習とは何か

　心理学において使用される発達と学習の概念は，日常において使用される発達や学習の概念と類似して用いられることもあるが，より厳密でかつ明確に定義されている．発達は英語の「development」を訳したものである．この言葉は，元来は「巻物をひも解く」ことを意味しており，私たちが日常なれ親しんでいる発達の意味とはかけ離れたものであった．「巻物をひも解く」意味での発達の概念が転用され，その後の語義の変遷を経て，今日の発達の意味になったといわれる（安達，1982）．また，学習は英語の「learning」の訳である．では，発達と学習の概念とは，どのようなものであるのか．

手始めに,『広辞苑(第五版)』(新村, 1998)から発達と学習の意味を拾ってみよう.もちろん,他の国語辞典をひも解いてもよい.説明される意味合いは類似している.「発達」とは,以下の3点を読み取ることができる.

(1) 生体が発育して完全な形態に近づくこと.

(2) 進歩してよりすぐれた段階に向かうこと.規模が大きくなること.

(3) 個体が時間経過にともなってその身体的・精神的機能を変えてゆく過程.成長と学習を要因として展開する.

また,発達と同様に,「学習」の辞書的な意味を『広辞苑(第五版)』から拾ってみると,次の3点の意味を含む.

(1) まなびならうこと.

(2) 過去の経験の上に立って,新しい知識や技術を習得すること.広義には精神・身体の後天的発達をいう.

(3) 行動が経験によって多少とも持続的な変容を示すこと.

発達の概念に関して,『広辞苑(第五版)』による1つめの意味で使用される発達とは,「筋肉が発達する」のように,身体の発達に関係するものであり,また「思いやりの心が発達する」のように,精神の発達にも言及する意味を有する.2つめは,「産業や工業が発達する」のように,社会の発達に関係するものである.あるいは,「台風の目が発達する」にみられるように,規模が大きくなりついには消滅する意味でも使用される.心理学においてとらえる発達の概念は,3つめの説明内容である.『広辞苑(第五版)』でも,3つめの発達の意味は心理学の説明であると記している.

多くの発達心理学者がとらえる発達の概念も,一般的には上記の(3)の意味合いで使用することが多いようである.上記(3)の内容をさらに厳密に記述すれば,発達の概念には,基本的に以下の3点の内容が共通して含まれるといえる.

(1) 時間の経過にともなって起こる個体の一連の変化であること.

(2) その変化の過程は,より完全な状態へ,あるいはよりよい適応状態へと

いう方向をとること．
(3) 生涯を通じて続く変化であること．
　もちろん，よりよい適応状態や完全な状態への変化は，個人にとってさまざまな仕方やスピードで生じることはいうまでもない．
　一方，学習の概念に関して，『広辞苑（第五版）』では，(1)の意味がもっとも一般的な学習の概念であり，(2)は教育学で使用される学習の概念であり，(3)が心理学で使用される学習の概念であるとする．学習という概念は，日常では学校の学習を連想し，勉強との関連で理解することが多い．つまり，日常的にはさまざまな課題をまなびならうことである．心理学ではこれまで「まなびならう」意味をもつ学習を動物の学習までも視野に入れ，(3)の経験による永続的な行動の変容として，厳密にかつ客観的に理解可能なレベルで定義してきたのである．
　しかしながら，児童・生徒の学習を考えるとき，教育心理学の領域では，心理学において定義される(3)の意味だけでなく，『広辞苑（第五版）』において教育学の定義とされる(2)の意味をふまえ，知識を獲得する過程を学習ととらえることが一般的になってきた．それゆえ，学習の概念を取り上げる他の辞(事)典や著書でも，『広辞苑（第五版）』の(2)と(3)の説明を前提にして，学習とは「経験によって知識を獲得する過程」として記述されるようになってきた．また，一方において，学習の最近のとらえ方では，学習をそのような個人の知識獲得の過程としてとらえるよりも，個人を取り巻く社会や文化へ実践的に参加し，周囲の他者と有能性を分かちもたれる過程として学習を理解することも見うけられるようになってきた．学習のそのようなとらえ方は，学習は個人の知識獲得過程であるという学習観ではなく，個人を含む共同体における協調的な学習観といえる．
　それでは，発達と学習はいかなる関係を有しているのであろうか．上記の説明から，発達も学習もともに変化を扱うものであることが理解できる．従来は，発達が長期にわたる時間経過にともなう変化に言及するのに対し，学習が

比較的短期間の訓練等を通して得られる行動の変化に言及することを意味していた．しかしながら，熟達者―初学者の知識獲得の比較研究結果などから，学習研究といえども比較的長期間の行動の変化を吟味した研究が報告され（たとえば，Chase & Ericsson, 1982），単純に変化を観察する時間の長さで発達と学習を区別することは困難となってきた．

　発達と学習の関連をみるとき，一般的には，時間の経過にともなって生じる個体の一連の変化を発達ととらえた場合，基本的には，発達には生物学的な変化である成熟と後天的な経験による行動の変化である学習とが含まれている．成熟は一般的に遺伝で規定された発達であり，学習は経験による環境の影響を受けている発達といわれる．しかしながら，どこまで遺伝でどこまで環境によるものであるかは決定しがたいものである．子どもの初期の生物学的な成熟においても，育児者や他の文化的・社会的な環境との交互作用をへて知識の獲得に複雑に影響を与えているといえる．

2. 遺伝と環境

　前述したように，発達とは，生物学的な変化である成熟と後天的な経験による行動の変化である学習の両側面をあわせもつ概念であり，個体の一連の変化である．また，学習は発達の概念の一部を構成し，経験と呼ばれる環境への働きかけによってさまざまな知識を獲得していくことである．

　発達と学習に影響を与えるものは，一般的には，遺伝（生まれつき，氏）と環境（育ち）として知られている．「氏か育ちか」（nature or nurture）あるいは「氏よりも育ち」といった発達や学習に与える要因について，素朴な日常会話のなかだけでなく，心理学の研究においても過去に根深い論争が生じた．遺伝とは個体の生得的な生物学的可能性とその限界であり，環境とは個体を取り巻く社会や文化的な環境の影響である．「アヴェロンの野生児」や「狼に育てられた少女」の話をもちだすまでもなく，遺伝や環境が個体の発達や学習に多大の影響を与えている要因であることは疑う余地のないところである．

現在の発達研究から，遺伝子が個体の特定の行動の発現を規定したり，特定の環境が学習を一義的に規定することを示す実証的なデータはない．また，遺伝と環境のどちらか一方のみが発達に影響する要因であるととらえることもない．遺伝と環境は個体の発達や学習に複雑に関与しているといえる．

ここでは，遺伝と環境が個体の発達にどのように影響を与えているのかを概観しよう．図1-1は，遺伝と環境が個体に影響する仕方を4つのタイプに区分して図示したものである（Cole & Cole, 1993）．

①は遺伝重視の立場である．双生児研究法などによって成熟優位を主張するアメリカのゲゼル（Gesell）がこのタイプに含まれる．②は逆に環境重視の立場である．ワトソン（Watson）やソーンダイク（Thorndike）をはじめとする

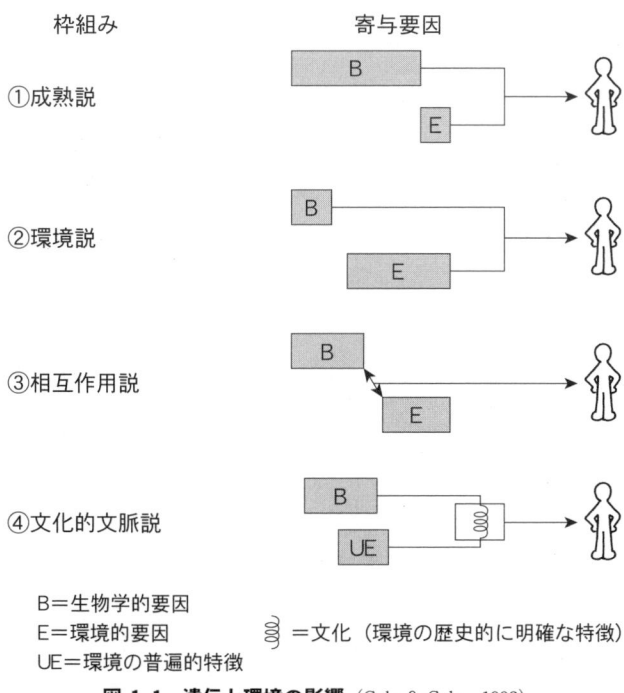

図 1-1　**遺伝と環境の影響** (Cole & Cole, 1993)

行動主義心理学の立場の心理学者はこのタイプといえよう．③は遺伝と環境が相互作用することによって発達するとする立場である．この立場には，認知発達のピアジェ（Piaget）や精神発達のフロイト（Freud）をみることができる．①から③は，遺伝と環境の要因が直接に個人の形成に関与するととらえる立場である．最後の④は，遺伝や環境が個人のおかれている状況や文化によって異なった影響を与えるとする立場で，個人の所属する文化の影響を重視する．ここで述べる環境とは個人を取り巻く家庭や学校といった環境であり，文化とはある言語を使用し，信念，価値，習慣などによってまとめられた個人の知識に基づく生活様式である．それゆえ，個人の成長にともない，文化の影響が質的にも量的にも異なってくるのである．ロシアのヴィゴツキー（Vygotsky）はこの立場といえよう（4章を参照のこと）．

3. 発達の臨界期と敏感期

　ヒトは成長する過程において，自分たちを取り巻く環境に働きかけてさまざまな知識を獲得する．個体の行動を手がかりにしてヒトと動物の行動を比較研究するエソロジー（比較行動学，動物行動学）の分野では，個体の発達過程において，ある時期に学習したことは生涯忘れられないとされる時期のあることが知られている．このような特定の時期は発達の臨界期と呼ばれている．

　たとえば，ガンやカモのような鳥の孵化直後のヒナ鳥は，生物であれ無生物であれ，自分の周りを動く対象物に接近したり追従したりする習性をもっている．自然界で孵化直後に出会う動く対象物とは，通常その種の親鳥である．ローレンツ（Lorenz）は，孵化直後のヒナ鳥のこのような習性を刻印づけ（imprinting，インプリンティング）と命名した．刻印づけは臨界期の例としてよく知られている現象である．刻印づけと呼ばれる初期学習（経験）がヒナ鳥に生じると，そのヒナ鳥は刻印づけられた親を親とし，生涯を通して忘れないのである．

　しかしながら，ヒトの乳幼児期のさまざまな機能の発達（たとえば，社会性

や言葉の発達）に関しては，発達の臨界期を過ぎると刻印づけられないという，つまりある時期を過ぎると，他者とのコミュニケーションができないとか言葉を獲得することができないといった臨界期にみられる堅固な期間を示す報告は認められない．むしろ，ヒトの発達における初期学習の起こりやすい時期に関しては，発達の臨界期という固定したとらえ方ではなく，発達の敏感期と呼ばれる柔軟性と回復力を有する可逆的でおだやかな変化の期間として理解すべきであることが指摘されている（4章を参照のこと）．

4. 発達・学習の過程

発達と学習は，ともに個体の変化の過程として理解した．この変化の様相は，時系列に従って，通常2つの異なった変化のタイプを認めることができる．

まず発達に関して，ひとつは発達の過程が連続的に変化するタイプであり，他方は非連続的に変化するタイプである．図1-2は，年齢の関数として連続的に変化する発達のタイプと非連続的に変化する発達のタイプを示している（Siegler et al., 2003）．縦軸の高さは発達の水準であり，横軸は年齢（年）である．図1-2では，連続的に発達する例としてマツの木が，非連続的に発達す

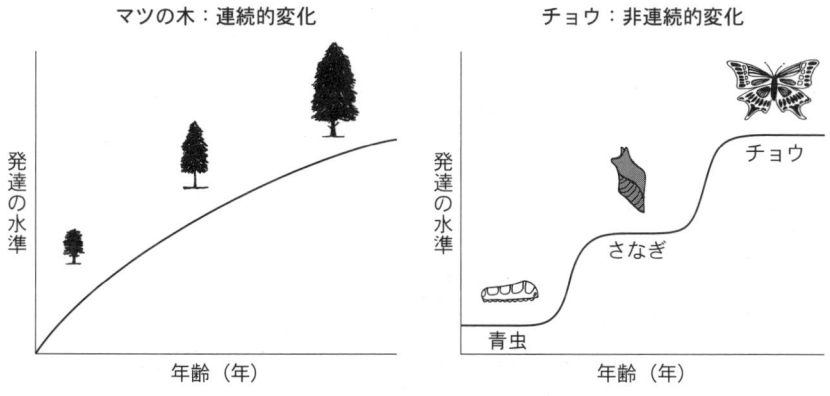

図 1-2　発達の過程（Siegler et al., 2003）

る例として青虫からさなぎをへてチョウになる例が示されている．

　連続的に変化するタイプとは，発達過程が漸増的に変化していくことを意味する．また非連続的とは，発達過程は悉皆的に変化し，ある発達段階から別の発達段階に変化の仕方が非連続であることを意味する．

　一般的に，連続的な変化を示す発達の過程は，量の変化に対応していると考えられる．マツの木が年をへて大きく育つように，身長や体重の増加は，乳児期，幼児期，児童期をへて青年期に達する過程で，もちろん安定した一定の変化量ではないが，連続的に変化する例として知られている．

　また，非連続的な発達の過程は，質的な変化に対応するといわれている．質的な変化では，チョウの変態に見られる形態の変化のように，形態がすっかり変化し，以前とはまったく異なる様相を呈する場合を意味することが多い．

　もちろん，発達の過程における変化のタイプを吟味するとき，どのような大きさの単位を基準に用いるかによって発達のとらえ方が異なってくる．発達の過程が連続的であるか非連続的であるかを決定するためには，同じ事実がどのような基準に基づいてとらえられているかを明確にすることによって明らかになってくるといえる．

　たとえば，連続的な変化の例として示した子どもの身長の変化は，通常1年ごとの増加を単位としてとらえるために，連続的な変化として理解される．しかしながら，1年当たりの変化量を単位として，誕生から青年期までの年齢を横軸に取ってグラフを描くとき，同じ子どもの身長の変化のグラフであっても，子どもの身長の1年ごとの変化のグラフとまったく異なった変化のパターンを示す．すなわち，1年当たりの変化量を単位としたとき，一般的には，誕生から3歳頃までは身長のもっとも大きな変化を示すが，その後は変化が小さくかつ類似しており，12歳から15歳頃の青年期になると変化がやや大きくなる．このような結果は，子どもの身長の非連続的な変化を示すといえる．また，発達の質的な変化では，たとえば4歳児と6歳児の違いを，両者の間で経験によって獲得した知識量の違いにあるとするよりも，世界をどのように見て

いるかという質の違いにあるといった視点をとるといえる．

　発達の過程と同様に，学習の過程も2つのタイプの変化をみることができる．刺激—反応の連合の形成を学習と考える学習の連合説では，古くから，学習は徐々に形成されるとする漸増的（連続的）学習と，1回の学習で連合が形成されるとする非連続的な一試行学習との論争を認めることができる．一般には，学習過程は非連続的に変化するとされる証拠がさまざまに提出されてはいる．しかしながら，学習による変化をどのような単位や課題を基準にするかによって，結果も変わってくるのである．発達や学習の過程を吟味するときには，関与する条件や基準を考慮することが必要である．

　また，子どもの学習過程を詳細に吟味するとき，多くの子どもはひとつの課題を解決する過程で，ある方略で解けない場合，別の方略を選択して適用することで柔軟に課題を処理していることが知られている（Siegler, 2005）．このことは，子どもの方略の選択が，子どもの発達の過程である方略選択から別の方略選択へと変化するだけでなく，ひとつの課題を解決する過程でも方略選択の変化が認められることを意味している．発達や学習の過程は，多様な課題解決を試み，適切な方略を発見・選択し，さらには必要に応じて方略を変えるような，課題解決に適応的な過程であるといえる．

5. 生涯発達・生涯学習

　発達とは生涯にわたって起こる個体の一連の変化である．このような定義から判断すれば，個体の変化の過程を理解しようとすれば，発達心理学や学習心理学は，個人の生涯にわたって起こる変化を扱わなければならないであろう．ところが，これまでの発達や学習の研究は，主に公教育の機関である小学校，中学校，あるいは高等学校に在籍している児童・生徒の発達や学習を取り扱ってきただけであった．それは個人の一生涯のうちでも大変短い期間にすぎない．個人の発達や学習は，青年期で終了するものではない．発達や学習のさまざまな影響において，われわれは青年期以後も変化し，自己実現に向けて歩ん

でいくのである．心身の健康状態がおおむね良好であれば，情緒や社会的機能の面だけでなく，思考や知能のような認知の面でも，高齢者は有能性を発揮していることがしばしば報告されている．それゆえ，生涯発達や生涯学習の観点から，発達や学習の理解を深めていくことも必要である．

ただ，本書は教職課程の「発達と学習の心理学」のテキストとして編纂されていることから，発達や学習の現象を生涯にわたって記述されてはいない．乳幼児期から青年期に焦点を当てた発達と学習が取り扱われている．

2節 発達・学習と学校教育

1. 教育の場における発達・学習

　教職課程の「発達と学習の心理学」のテキストとして編纂された本書の主たる目的は，「はしがき」でも言及したが，教師として教壇に立つ読者に，発達心理学と学習心理学の諸研究において得られた基本的な成果をわかりやすく提供することにある．また，読者が子どもの発達や学習の過程の基本的な特徴を理解し，それらの理解に基づいて，子どもの自己実現に向けた授業を展開できるようになることである．

　学校教育は，基本的には，それぞれの教科の授業目標を達成するために，先生と子どもが各教材を媒介して相互に交渉することにより，子どものもっている可能性を引き出し支援することからなると考えることができる．授業目標の達成に向けて，教材を媒介した子どもとの相互交渉の場を授業ととらえるとき，子どもの発達過程や学習過程を理解することによって，子どもにより適切な意図的・無意図的な働きかけを行うことが可能となる．

　たとえば，算数割合文章題の解決過程の指導を考えてみよう．算数の割合の概念は，小学5年生から本格的に学習する．割合は小学生には難しい算数の概念であるといわれているが，割合の文章題を解決することはさらに難しい課題である．このような割合文章題の解決を先生が効果的に指導しようとする場

合，先生は，子どもが小学4年生までに学習した算数に関する基礎的な知識の構成の水準と割合に関係する諸概念の理解の程度，子どもの認知やパーソナリティの発達水準，あるいは最適の学習指導の方法を適切に把握していることが必要となる．

発達・学習の基本的な理解は，何も効果的な教授を営むために必要なだけではない．発達・学習とは，これまでに説明してきた時間経過にともなって生じる変化の過程に加えて，児童・生徒が教育的・文化的な意図をもった教師の働きかけと積極的に相互作用することによって形成される子どもの自己実現を支える人格形成の過程でもある．自己実現とは，内的成長や統合化された人格をもった個人の全体的体制であり，自律的な自己である．児童・生徒は多様であり，一人ひとりが個性をもった存在である．このような児童・生徒の自己実現の過程を支援するためにも，学校教育の場における子どもの発達や学習の過程を適切に理解することが必要である．

2. 発達・学習と学習環境の設定

「子どもの発達段階にあわせて教材を提示したい．どのようにすればよいのか．」，「学習を促進するにはどうすればよいのか．」，「効果的に学習する子どもとは，どのような子どものことか．」など，学校教育が発する発達・学習に関連するさまざまな問いに答えるためには，授業を運営するための学習環境を適切に設定することが求められる．他方，適切な学習環境を設定するためには，発達・学習の基礎知識の理解が必要となる．

ひとつの例として，子どもは世界がどのように働いているかに関して，先入観（インフォーマルな知識といってもよい）をもったまま教室にやってくることが知られている．子どもの先入観は，幼児期のさまざまな経験を通して獲得した信念や先行知識からなる．そのため，子どもの先入観は，しばしば概念や現象について間違った知識構造（メンタルモデル）を構成し，教授によって再構造化を図ることは容易ではない．たとえば，「大きな数は量が多いことを示

している」という知識をもっている子どもは，分数の概念を学習した場合にも，分母の大きな分数を大きい数ととらえるであろう．

また，他の例として，熟達者と初学者の知識構造の比較研究結果から，子どもが問題解決の領域でコンピテンス（有能さ）を発揮するためには，当該の領域に関するさまざまな知識を体制化し，豊かに構造化された知識ベースを利用することが必要であることが指摘されている（ブランスフォードほか編，2000）．問題をどのように解くかプランを立てたり，問題のパターンに気づいたり，論理的な議論や説明をしたり，類似した問題からアナロジー（類推）を適用して当該の問題を解く能力は，学習によって得られたばらばらの知識を集めただけでは発揮できないのである．

また，上記と同じく，さまざまな領域において遂行の優れた熟達者の研究で，自分の思考を言語化するようにいわれた熟達者は，自分の理解を注意深くモニターしたり，問題を理解するのに必要な付加情報がすでに知っている情報と同一であるかどうかをチェックすることが報告されている．このような現象は，一般にメタ認知と呼ばれるが，子ども自らが学習目標を設定し，学習の進歩をモニターできるようになれば，子どもの能動的な学習が可能となる．

わずか3つの例ではあるが，上述した内容等を理解することによって，教師は効果的な授業とはどのようなものであるかを考慮した学習環境を設定することができる．効果的な学習環境を設定するためには，子どもを知ること，さらには子どもと教師の両者が教材の内容にかかわる知識をどの程度（量）どのようにして（構造）貯蔵しているのかを知ること，あるいは教育評価の知識や子どもや学校を取り巻く環境の知識も必要であるかもしれない．結論づければ，発達・学習の過程を深いレベルで理解することは，効果的な学習環境を設定するために必須の要件であるといえる．

引用文献

安達喜美子（1982）「『発達』概念の検討」 波多野誼余夫（編）『教育心理学講座4　発達』

朝倉書店
ブランスフォード, J.D., ブラウン, A.L. & クッキング, R.R.（編）, 森・秋田（監訳）(2000)『授業を変える』北大路書房
Chase, W.G. & Ericsson, K.A. (1982) Skill and working memory. In Bower, G.H. (Ed.), *The psychology of learning and motivation*, **16**, New York: Academic Press, pp.1-58
Cole, M. & Cole, S.R. (1993) *The development of children* (2nd edition). New York: W. H. Freeman.
新村　出（編）(1998)『広辞苑（第五版）』岩波書店
Siegler, R.S. (2005) Children's learning. *American Psychologist*, **60**, 769-778.
Siegler, R.S., DeLoache, J. & Eisenberg, N. (2003) *How children develop*. New York: Worth Publishers.

参考文献
波多野誼余夫（編）(1996)『認知心理学5　学習と発達』東京大学出版会

2章 学校教育と個人差の心理学

　学校教育，なかでも特に学習場面において，教室は一人もしくは少数の教員が多数の児童・生徒を教育する場となることが多い．そして，学習場面以外でも，学校教育は教育目標を掲げ，多数の人間に同じことを理解してもらう，または身につけてもらうことを目標としていることが多い．しかし，人間には個性があり，複数の人間の間には個人差がある．そのため，多数の児童生徒に対して個性や個人差に応じた教育を行うためには，一人ひとりに対して最適な教育内容，教育方法，教育活動を選択し，対応する必要がある．

　本章ではまず，学校教育のなかでも学習場面に特に影響する個人差について論じる．それに続いて，個人差に対応するためのさまざまな学習指導法を紹介する．そして最後に，学習場面に限らず学校生活全般において教員が注意すべき個人差の1つの要素である発達障害や心理的な問題について概観する．

1節　学習場面における個人差

1. 学習内容に関連する個人差

　個性，個人差というと性格や能力，知能などが連想されるが，学習場面においては，性格や知能以外の多くの個人差が学習活動に影響する．たとえば何か新しいことを学習する際には，過去の経験や学習が新しい内容の学習を促進したり，逆に抑制，阻害したりすることがある（「正の転移」，「負の転移」：12章参照）．なぜこのような現象が生じるのかという理由については，前もって新しい知識を理解するための知識の枠組みをもっていると理解しやすいが，その枠組みが無い場合は理解するための枠組みを構成する必要があるからといわれ

ている(「スキーマ」への「同化」と「調節」,「先行オーガナイザー」と「有意味受容学習」:12章あるいは14章参照).このように,学校の学習場面では,児童・生徒の過去の経験やもっている知識,または物事をとらえる枠組みといった個人差が学習活動に影響する.

2. 学習時間に関連する個人差

キャロル(Caroll, 1963)は「学校学習のモデル」のなかで成績と学習時間の関係を「学習到達度(成績)= f(実際の学習時間÷個人が学習するのに必要な時間)」という関数で表すことができると主張した.これは2人の人間が同じ時間勉強しても,その2人が学習するのに必要な時間が異なれば,成績も異なるということを示すものである.また,個人が学習するのに必要な時間を確保し,実際に学習することができれば,学校での学習はすべての児童・生徒がある程度の学習到達度に達することができるともいえる.この「実際の学習時間」を規定する要因には,学習するために利用できる時間である「学習機会」,学習意欲や根気などの「学習持続力」がある.「必要な学習時間」を規定する要因には,その課題の学習のための基礎的な能力,先行学習の量などの「課題への適性」,教材もしくは提示形式の適切さなどの「授業の質」,一般的な知能や言語能力である「授業理解力」がある.

3. 学習者の適性に関連する個人差

クロンバック(Cronbach, 1957)は,学習者の能力や性格などからなる「適性」にあった教え方や指導法を取ることで教育の効果は高まるが,適性にあっていない教え方や指導法を取ると教育の効果があまり期待できないと主張し,これを「適性処遇交互作用(ATI:Aptitude-Treatment Interaction)」と呼んだ.そして,クロンバックとスノウ(Cronbach & Snow, 1977)は,対人的な積極性が高い学習者には教師が話をするという指導法が,学習課題についての映画を観るような指導法と比較するとより効果的であり,対人的な積極性が低い

学習者には映画を観るような指導法が，教師が話をするという指導法に比べて効果的であることを示している．また，マッケーシーほか（Mckeachie et al., 1966）は，教室において教師が親和的な態度を示すと，親和動機の高い大学生の成績が高くなることを示している．これらは児童・生徒の一人ひとりに対する教育効果を最大限に上げるためには，その一人ひとりの性格や適性，興味や関心，認知型をふまえた上で，その子どもに最も適した形態で教育を行うべきであることを示している．

2節　個人差に対応する学習指導

前節では学習場面において児童・生徒の個人差になぜ対応すべきなのか，その個人差にはどのようなものがあるのか，ということを示した．本節では学習指導場面において，個人差に対応するために利用できる学習指導法について論じる．

1. プログラム学習

プログラム学習とはスキナー（Skinner, 1954）の道具的（オペラント）条件づけの原理を学習指導場面に適用した学習指導法であり，個人の学習ペースという個人差に対応することができる．詳しくは14章で述べるのでそちらを参照されたい．

2. 完全習得学習

ブルーム（Bloom, 1971）はキャロルの「どんな学習者もその個人に必要な時間をかければ，学習課題を達成できる」という考えに影響を受け，完全習得学習（Mastery Learning）という学習指導方略と「診断的評価」，「形成的評価」，「総括的評価」という3種類の学習評価を提案した．そしてこの学習指導法略と学習評価を用いることで，児童・生徒の個人差に対応することが可能であ

り，学校教育において設定された教育目標群のすべてが本来すべての児童・生徒によって達成されることが可能であると主張している．詳しくは14章で述べるのでそちらを参照されたい．

3. 集団的学習指導

　集団的学習指導とは，児童・生徒集団に学習目標を共有させ，その目標に向けて教師が児童・生徒集団を誘導する指導法である．集団内の人間関係や集団における話しあい，教えあいといった児童・生徒間の相互作用を積極的に利用する．それにより，教師が児童・生徒の個々の個性や個人差に対応しているわけではないが，児童・生徒同士が相互に個性や個人差に対応する形になる．児童・生徒は学習目標を共有し，その学習目標に向けて認知過程を共有する．それによって，集団のメンバー間には一体感や仲間意識がもたらされる．この指導法のなかで，対人態度，社会的態度といった児童・生徒同士の個に対応する能力を児童・生徒自身に身につけてもらう効果も期待できる．この学習指導法は1980年代からアメリカで「協同学習」と呼ばれ，広く取り上げられている．この集団的学習指導法のなかでは，「バズ学習」や「ジグソー学習」などが著名である．

4. クラス編成による個人差への対応

　学校教育での学習指導は一人の教師が多人数の児童・生徒に対して教授学習活動を行うことが多い．そして，児童生徒の数が多いことで一人の教師は児童・生徒の個人差に対応できなくなるという問題がある．そのため，クラス編成によって児童生徒の個人差に対応しようとする試みもなされている．これらの試みは1クラスあたりの児童・生徒の人数を少なくして，子ども一人ひとりにきちんと対応できるようにしようとするものであり，「少人数学級」，または「少人数教育」と呼ばれる．また，2人もしくはそれ以上の教師が協力して，ひとつの授業に責任をもつという「ティームティーチング」は，①複数の教師が自ら

の特性を生かしつつ協力し，責任を分担して児童・生徒を指導することができる，②教師一人当たりの指導する生徒数が少数になることで，児童・生徒との交流や児童・生徒の関心や能力への対応が容易になる，などの利点がある．

　個人の習熟の程度に応じたクラス編成，いわゆる「習熟度別学級編成」を行い，子ども一人ひとりの個人差に応じた指導を行うことで学習内容を確実に身につけさせようとする試みもある．習熟度に応じてクラス編成を行い，各クラスの習熟度に見合った指導を行う指導法は「習熟度別学習指導」と呼ばれている．これは事前の習熟度の差が成績上位の人間の「すでにわかっていることをいつまでもゆっくりと繰り返している」，または成績下位の人間の「根本がわかっていないのに発展的な話をされても，ついていけない」という状態を避けるために行われるものである．この学級編成（学習指導）法については，習熟の程度にあわせて指導を行うことができるため効果的な指導および学習を行うことができるというメリットがある．しかし同時に低学力のクラスと高学力のクラスの差が広がる傾向がある．また，低学力の子どもは習熟度別でないクラス編成の方が学習効果は高まる傾向がある．

　クラス編成ではなくカリキュラム編成を通じて個に対応する試みもある．「オープンスクール」という制度は教室や教科，時間割，画一的な授業時間の区切りなどの制約をなくすことで児童・生徒一人ひとりの主体的な学習活動を支援し，一人ひとりの個性に対応しようとする試みである．

3節　学校生活における「障害」という個人差

　前節では学校生活のなかでも学習場面に着目し，個人差に対応する学習指導法について論じた．学校や教師が学習場面に限らない学校生活全般において対応すべき児童・生徒の個人差として，「障害」がある．本節では，文部科学省が盲学校，聾（ろう）学校および養護学校への就学，小学校，中学校の特殊学級または教科の指導は通常の学級で受けつつ，心身の障害の状態に応じて特別

の指導を行う通級での指導を推奨している「障害」のなかでも，視力や聴力，肢体の不自由さや病弱などの問題を除いた，心理的な障害を扱う．具体的には自閉症（自閉症スペクトラム，カナー症候群，アスペルガー症候群），学習障害，注意欠陥多動性障害，その他のさまざまな心理的な問題を紹介する．そして障害や心理的な問題のある児童・生徒への対応について論じる．なお，認知の障害に関しては6章，7章でも触れるのでそちらも参照されたい．

1. 自閉症スペクトラム

かつて「自閉症」という用語はカナー（Kanner, 1943）によって報告された「早期幼児自閉症（カナー症候群）」という症例だけを指していた．しかし現在では「アスペルガー症候群」や「高機能自閉症」なども含めて，「自閉症スペクトラム（連続体）」と呼ばれるようになっている．これは，「カナー症候群」，「アスペルガー症候群」，「高機能自閉症」などの境界があいまいであり，かつ成長とともに様態が移行するケースもみられるため，連続した一続きのものととらえられるためである．

自閉症スペクトラムはウィング（Wing, 1979）によると，①社会性，②コミュニケーション（言語，意思伝達能力），③想像力の発達水準に実年齢との隔たりが認められる発達障害である．また，自分と他者を含めた人間の心のはたらきに関する理解，他者の心の状態を推測し，行動を理解したり予測したりするために用いる認知能力といったいわゆる「心の理論」と呼ばれる能力の発達にも障害がみられる．原因として，初期には愛情不足説が唱えられていたが，現在それは否定されており，脳障害説が有力視されている．以後，カナー症候群とアスペルガー症候群と高機能自閉症のそれぞれについて紹介する．

2. カナー症候群

カナー症候群（Kanner's syndrome）は別名「早期幼児自閉症」，「低機能自閉症」，「自閉性障害（Autistic Disorder）」，「小児自閉症（Childhood Autism）」と

もいわれ，内面生活の相対的，または絶対的な優位を伴う現実からの遊離，外界，他者への興味，注意の欠如を特徴とする障害である．内面生活への極端に偏った志向によるものなのか，ある種の敏感さによって外界からの刺激に耐えられず，内面生活へ回避しているのかは定かでないが，外界からの刺激が多い状態を好まない．そのため以下のような特徴をもつ．①生活空間においては同一性保持への欲求が強く，物を規則正しく並べる行動などがよくみられる．②外界の変化に対応して行動を変化させるより常に同じ行動（常同行動）をとることを好む．③興味関心が外界に向かうことがあってもそれは非常に限定的なものであり，興味の対象は「人」である場合よりも「物」である場合の方が多い．④特定の物を持ったり，見たり，集めたりすることに，持続して熱中する．そして，ひとつの対象への強い関心と没頭（シングルフォーカス）や，言語を媒介としない思考や情報処理を得意とする特性が結果として，特定の対象に対するすぐれた機械的記憶（例：数字や風景などに対するいちじるしく高い記憶能力）や特異な能力ともいえるような器用さ（音楽や絵画や運動）につながることもある（サヴァン症候群）．そのため，同一性保持，常同行動への欲求とあわせて周囲の人間からは「こだわりが強い」と受け取られる．

　外界や他者への興味，関心，注意が乏しいため，対人関係でのコミュニケーション能力の欠如，他者との情緒的接触の欠如による対人関係の障害，言葉の発達の遅れなどが示される．言語は本来，他者とのコミュニケーションの道具としての機能をもっている．しかし，カナー症候群の人間は他者とのコミュニケーションのために言語を用いる意識が低い．そのため，他者に通じない新しい言葉を作成，使用したり，他者が自分に対して発した言語を全く同じアクセントや抑揚でオウム返しに応答する反響語（エコラリア）を発したり，かつて聞いた言葉を全く関係のない場面で発したりする（遅延エコラリア）．また，対人関係におけるコミュニケーション能力の欠如に関連して，年齢に応じた人間関係が作れない，楽しみや興味を他者と共有しにくい，他人と関わってもその関わり方が一方的になってしまう，他人のすることを自分の立場に置き換え

られずにそのまま真似るなどの傾向がある．

　カナー症候群には特異な知能の障害がみられるが，これは単に知的能力が低いというわけではなく，言語や聴覚を通して行われる教育的なコミュニケーションの理解が得意ではないことや，「心の理論」が獲得できていないこと，外界からの刺激に対する興味，注意の欠如によって学習が十分に行われていないことも一因であろう．

3. アスペルガー症候群，高機能自閉症

　アスペルガー症候群（Asperger's syndrome）は，アスペルガー（Asperger, 1944）によって報告された，明確な知的障害を伴わない，時として知能の高いケースもみられる自閉性障害である．知的障害を伴わない自閉症のうち，初期に言語の遅れのあるものは「高機能自閉症」と呼ばれるが，アスペルガー症候群との区別が十分に明確でないとして，2つを併せて「高機能広汎性発達障害（High-functioning Pervasive Developmental Disorders）」とする意見もある．

　アスペルガー症候群は知能障害を伴わない自閉症であるため，知能は高いにもかかわらず，「社会性」，「コミュニケーション」，「想像力」の3つの領域において障害がみられる．そのため，対人関係や社会生活において不適応を起こす可能性が高い．発症率はおよそ70～100人に1人といわれているが，未診断のまま「躾の悪い子ども」，「わがままな子ども」と周囲から誤解され，本人にも自覚がない可能性が考えられ，実際はこれ以上に多く存在することや，未診断のまま成長した成人も多く存在することが予想される．

　アスペルガー症候群は知能障害が伴わないことを除いては，全般的にカナー症候群に類似した傾向を示す．聴覚に比べて視覚優位の特性が強く，視覚刺激（数字の羅列，吊り広告，掲示物）に惹きつけられる，固定化された習慣が乱されると不機嫌になる，多くの人間には気にならない程度の光や音などの刺激を苦痛に感じるなどの特徴がみられる．また，極端な偏食などの味覚異常や，敏感または鈍感すぎる痛覚など感覚の異常が示されることもある．外界への興

味や注意が弱いため，外界からの刺激に適切なタイミングで反応することを求められるような運動において不器用さを示す．これにより，手先が不器用であったり，運動全般が苦手であったりすることもある．

アスペルガー症候群には非言語コミュニケーション，言語コミュニケーション，社会生活に特有の傾向がみられる．非言語的コミュニケーションにおいて，相手の表情や身振りを読みとるのが苦手，本人の表情や姿勢が単調，または不自然，他者と物理的（心理的）距離の取り方がうまくないなどの特徴を示す．また，言語的コミュニケーションにおいて，正確すぎる言葉遣いや細部にこだわった話し方などで相手に不自然さを感じさせる，言葉を文字通りに解釈してしまうため比喩や慣用表現，ことわざ，冗談，社交辞令が苦手である，相手を見て丁寧な言葉やくだけた言葉を使うという使い分けができないなどの特徴がある．社会生活においては困難を伴うことが多い．自分の行動が他者からどのように判断されるのかということや相手や周囲の人間の気持ちを考えずに自己中心的に発言，行動してしまう，ルールや暗黙の了解事項，その場の雰囲気を理解できないなど，他者との交流がうまくいかなくなるような行動を無自覚にとるなどのケースもみられる．未診断のまま周囲の人間の理解が得られない場合，家庭生活や学校生活において周囲の人間との対人関係におけるトラブルを繰り返し経験し，さらに適応できなくなる．そして将来においては，集団生活や社会に適応できないというトラブルが生じる可能性が考えられる．

ただし，早期からの療育と周囲からの理解によって対人関係や「心の理論」を知的課題として学び社会に適応できる可能性は高い．社会性からアスペルガー症候群を分類すると，相手に気持ちがあることを理解していない，相手を道具と見なす「孤立型」，周囲にとても従順でいつも笑顔で従う「受け身型」，積極的に相手に関わろうとするが，うまく関われない「積極・奇異型」の3類型があるとされている．また，カナー症候群と同様に「こだわり」は強く，興味や関心が狭くなることが多い．こだわりの強さから興味関心がある分野に関しては反復練習を厭わない心的特性（常同行動に対して苦痛を感じにくい，微細

な感覚の違いに対して敏感である，など）により，特定の分野での優れた能力を示す者もいる．

4．学習障害（LD）

　学習障害（LD：Learning Disabilities）とは，全般的な知的発達に遅れはなく，視覚障害，聴覚障害などの感覚器官の障害，自閉症的障害，特殊な生育環境などの要因も影響していないが，聞く，話す，読む，書く，計算するまたは推論する能力のうち特定のものの習得と使用にいちじるしい困難を示すものである．また，リズム運動や協応運動などの不器用さなどの運動障害，時制の誤りを頻繁に犯す，単語を思い出すことに困難が伴う，長さと複雑さをもつ文章を作ることが苦手，などの言語障害，抽象思考の困難さ，多動，注意集中の困難さ，道に迷いやすいなどの空間把握の困難さ，写生が苦手といった認知障害が多くみられる．特定の能力以外では知的発達に遅れがないため，「怠け」，「努力不足」とされ，周囲の理解が得られない場合，自己評価の低下，ストレス反応，集団適応における問題につながる可能性も考えられる．原因については中枢神経系の障害が想定されている．注意欠陥多動性障害（ADHD）を併発するケースもみられる．

5．注意欠陥多動性障害（ADHD）

　注意欠陥多動性障害（ADHD：Attention Deficit Hyperactivity Disorder）とは7歳以前から年齢あるいは発達に不釣り合いな注意力（不注意），多動性，または衝動性を特徴とする行動が続く障害で，社会的な活動や学業の機能に支障をきたすものである．自分で自分をコントロールする「セルフコントロール」に関わる中枢神経系が何らかの原因で機能的に損なわれていると考えられている．

　不注意の傾向として集中力や注意力が持続しないため，気が散りやすい，人の話が聞けない，他人の指示に従えない，勉強や仕事でミスをしやすい，忘れ

物や予定していたことを忘れてしまって遂行できないことなどに伴うトラブルが多いなどがみられる．多動性の傾向として，おとなしくしていなければいけない場面でおとなしくしていられない，落ち着きがない，場所を考えない極端なお喋りが目立つなどがみられる．衝動性の傾向として，順番を待つ事が苦手，他人が話している最中に割り込んでしまうなどがみられる．それらから派生して日常生活をスムーズに過ごすことがさまざまな状況で困難を伴う．集中力に困難があるため，子どもの場合LD（学習障害）児童となることが多い．子どもに限らず，大人の場合でも自己抑制や感情のコントロールがうまくできず，物事を順序立てて整理したり，計画的に物事を処理したりすることが苦手である．不注意と多動性・衝動性が揃っている場合，「ADHD」または「混合型」と呼ばれる．多動性・衝動性がみられないが，認知機能に障害があり，社会的にハンディがある状態は「不注意優勢型」または「注意欠陥障害（ADD：Attention Deficit Disorder）」と呼ばれる．不注意はみられないが，多動性・衝動性に障害がある場合は「多動性・衝動性優勢型」と呼ばれる．

6. その他のさまざまな心理的な問題

　これまで紹介してきた以外にも児童・生徒はさまざまな心理的な問題を示すことがある．心理的・情動的な原因による身体機能の悪化で，身体症状を主とするが，その診断と治療に心理面からの配慮を特に必要とする「心身症」，「神経性無食欲症（Anorexia Nervosa：拒食症）」，「神経性大食症（Bulimia Nervosa：過食症）」などの「摂食障害」，さらには神経症や人格障害，精神病などが特に青年期以降にみられることがある．

　神経症にはさまざまな種類があるが，その代表的なものとして，現実的な不安，または漠然とした不安で，いても立ってもいられなくなる「不安神経症（パニック障害）」，自分の身体や健康状態に対して必要以上に気をかけすぎ，その結果として体調不良を感じる「心気神経症」，特定の思考や行動を繰り返さないといけない気分が強くなり，それを遂行しないと不安が高まる「強迫神

経症」，自分の感じる物事や周りの人間の実在感が感じられない「離人神経症」などがある．また，人格が社会生活に障害を来す人格障害の例として，賞賛されたいという欲求の強さ，他者に対する共感の欠如，特権意識，尊大で傲慢な態度などが特徴的に示される「自己愛性人格障害」，自己についての極端な過大評価と過小評価の間を行き来するなかで自己像や対人関係，気分，感情が不安定になり，強い不安や慢性的な空虚感から，自己を傷つける可能性のある領域（浪費，性，アルコールや薬物の乱用，無謀な運転，過食，自傷行為など）で衝動性を示す「境界性人格障害」などがある．

　精神病の代表例としては，憂鬱が原因でものの見方や社会的な機能が損なわれる「鬱病」，鬱状態と，気分が高揚し活動性が過度に高まる躁状態を交互に繰り返す「躁鬱病」，自分の人格がまとまっている感覚がなくなる，幻覚や妄想を経験し，自分の自発的な感情や思考や行動を「させられている」という感覚でとらえ，自らの行動を自らの意志でコントロールできなくなる「統合失調症」などがある．

　これらの神経症や人格障害，精神病なども学校教育において，教師が注意深く対処すべき個人差である．児童・生徒に，もしくは教師自身，同僚の教師にみられた場合は特別支援教育コーディネーター，臨床心理士，精神科医などの専門家の援助を求める必要があるだろう．さらに，養育者の子どもに対する虐待などが原因となって起きるといわれる解離性同一性障害（多重人格）などが問題となることも考えられる．教師はそれらの問題に関する基礎的な知識をもち，何か気づいた場合は教員集団，家庭，専門家との連携をとり，対応する必要があるだろう．

7. 障害や心理的な問題のある児童・生徒への対応

　本節で紹介してきた心身の障害はDSM-IV-TR（APA, 2000）やICD-10（WHO, 1993）などをはじめとするさまざまな専門書にそれぞれ診断基準がある．しかし，それらは個人差に関する教師の理解を助けるものであって，特定

の児童・生徒を他の児童・生徒から区別するためのものではない．自閉症スペクトラムについて，カナー型とアスペルガー型の自閉症の境界は曖昧であるのと同様に，健常児と障害児の境界も必ずしも明確ではない．子どもは，乳児期の正常な自閉期を経て，周囲の世界を徐々に理解しながら発達していく．子どもは「心の理論」や社会性を生まれつきもつのではなく，成長と共に理解し，身につけていく．幼い子どもは自分の興味がないものに対しては注意を払わず（不注意），大人や年長の子どもと比較すると集中力に欠け，衝動的で落ち着きがない．相手をみて言葉遣いを変えるようなこともできない．そういった意味では，ADHD，アスペルガー症候群などの傾向は幼い子どもの多くが持ち合わせ，発達とともにその傾向が減少するともいえる．そういった視点からも，さまざまな障害に対して発達の遅れとして対応できる可能性は考慮すべきだろう．実際，カナー症候群，アスペルガー症候群，高機能自閉症はその他の発達障害であるレット症候群，小児期崩壊性障害，非定型自閉症と併せて，「広汎性発達障害」とされており，これらは「発達の障害」とされている．発達の遅れとして対処できる可能性のある発達障害児またはその傾向のある児童・生徒に対して，「（年齢を考慮すると）もう言っても仕方がない」，「いまさら言ってもどうにもならない」などと考えることは適切ではない．

　そして，「この児童・生徒はこの類型にあたるのだ」と他の児童・生徒と区別して扱うというのではなく，児童・生徒の一人ひとりを理解するために，「この児童・生徒はこのような傾向をもっているのだ」という理解を助けるための手がかりとして，これらの障害や問題を理解すべきである．

引用文献

American Psychiatric Association (2000) *Quick reference to the diagnostic criteria from DSM-IV-TR*. (高橋三郎・大野　裕・染矢俊幸（訳）(2006)『DSM-IV-TR 精神疾患の分類と診断の手引き　新訂版第5刷』医学書院)

Asperger, H. (1944) Die 'Autistischen Psychopathen' im Kindesalter. *Archiv für Psychiatrie und Nervenkrankheiten*, **117**, 76-136.

Bloom, B. S. (1971) Learning for mastery. In Hastings, J. T., Bloom, B.S. & Madaus, G.F.

(Ed.), *Handbook on formative and summative evaluation of student learning*. New York: McGraw-Hill.

Caroll, J. B. (1963) A model of school learning. *Teachers College Record*, **64**, 723-733.

Cronbach, L. J. (1957) The two disciplines of scientific psychology. *American Psychologist*, **12**, 671-684.

Cronbach, L. J. & Snow, R. E. (1977) *Aptitudes and instructional methods : A handbook for research in interactions*. New York: Irvington Publishers.

Kanner, L. (1943) Autistic disturbances of affective contact. *Nervous Child*, **2**, 217-250.

McKeachie, W. J., Lin, Y. G., Milholland, H. & Isaacson, R. L. (1966) Student affiliation motives, teacher warmth, and academic achievement. *Journal of Personality and Social Psychology*, **4**, 457-461.

Skinner, B. F. (1954) The science of learning and the art of teaching. *Harvard Educational Review*, **24** (2), 86-97.

Wing, L. (1979) Differentiation of retardation and autism from specific communication disorders. *Child: Care, Health & Development*, **1**, 57-68.

World Health Organization (1993) *The ICD-10 Classification of mental and behavioural disorders: Diagnostic criteria for research*. (中根允文・岡崎祐士・藤原妙子（訳）(2003) ICD-10 精神および行動の障害-DCR 研究用診断基準　第 1 版第 8 刷』医学書院)

3章 発達と学習の研究法

1節 心理学における測定

　児童・生徒の社会性は年齢が上がるにしたがってどのように変化するだろうか．また，児童・生徒の学習意欲を高めるにはどのような指導が効果的だろうか．このような問いは，心理学研究としては素朴なものであるが，この問いを実証的に検証するのは必ずしも容易なことではない．それは，心理学で測定しようとする対象が，直接観察したり測定することが不可能な概念（構成概念）だからである．社会性，学習意欲という概念をひとことで述べることはむずかしいし，その意味する内容は人によって異なる可能性が考えられる．したがって，心理学ではまず測定対象となる構成概念がどのようなものなのかを定義することから始められ，その後，その構成概念を測定する尺度や指標が作成される．

　作成された尺度や指標が，定義された構成概念を適切に測定しているかどうかは，以下の信頼性と妥当性という観点から検証される．

1. 信頼性

　信頼性とは，測定尺度の精度，すなわち繰り返し測定しても結果が変わらない程度のことをいう．同じ対象を測定しているのに測定ごとに結果が変わるようではその結果を信頼することはできない．したがって，尺度の信頼性は，測定にあたって第1に満たすべき条件である．以下，尺度の信頼性を検討する代表的な方法について述べる．

① 再テスト法

　これは，同じ人物に対し一定期間あけて同じ尺度を繰り返して実施して，そ

の一致度(相関係数)を検討する方法である.繰り返して測定した結果が一致していれば,その信頼性は高いといえる.ただし,同じ尺度を繰り返し測定することは,慣れや学習の効果を生じさせるため,技能や能力を測定する場合には問題がある.また気分や感情のように刻々と変化するものを測定する場合には,測定対象そのものが変化しているために,再テスト法では尺度の信頼性が過小に評価されてしまうという問題がある.

② 平行テスト法

これは,同じ尺度を繰り返して実施することの問題を回避するために考案された方法で,項目自体は異なるが内容の等質な2つの尺度を作成し,その一致度(相関係数)を用いて検討する方法である.2つの尺度は項目が異なるために,繰り返しによる慣れや学習の効果を防ぐことができる.ただし,等質な尺度を2つ作成するには手間と時間がかかる.

③ 折半法

これは,等質な2つの尺度を作成する手間と時間を省くために考案されたもので,ひとつの尺度を等質になるように2つに分割し,その尺度の一致度(相関係数)を検討する方法である.たとえば,ひとつの尺度を奇数番号の項目群と偶数番号の項目群に分割し,それらの項目群間の一致度(相関係数)を検討するなどの方法が用いられる.

④ クロンバック(Cronbach)の α 係数

折半法では,尺度の分割の仕方によって信頼性が異なる可能性がある.たとえば,奇数番号と偶数番号の項目という分割の仕方と前半と後半という分割の仕方では,算出される信頼性が異なってしまう.クロンバックの α 係数は,この分割の仕方による影響を取り除くために,あらゆる分割の仕方を考慮して,その信頼性の平均を推定したものである.この係数の高さは,尺度全体としての"まとまりのよさ"を表しており,内的整合性や内部一貫性とも呼ばれ,質問紙調査での信頼性検討でよく用いられている.

2. 妥当性

妥当性とは，作成された尺度や指標が測定したい対象を適切にとらえているかを示すものである．先述したように，心理学での測定対象は直接観測不可能な概念（構成概念）であり，妥当性を高めることは容易ではないが，いくつかの検討法が考えられている．以下，代表的な妥当性の検討法について述べる．

① 内容的妥当性

これは，知識や技能を測定する場合に問題とされる妥当性で，調べたい知識や技能を測定するのに適切かという内容適切性と，調べたい知識や技能をどの程度網羅しているかという内容代表性という2つの観点から評価される．たとえば，技能の習得度を測定するのにペーパーテストを行うのは内容適切性が低いといえる．また内容が極端にむずかしい場合や領域に偏りがある場合には内容代表性が低いと判断される．

② 基準関連妥当性

これは，測定したい内容を客観的に測定できる基準（外在基準）が存在する場合に検討される妥当性で，すでに標準化されているテストの簡略版やスクリーニング・テスト，適性検査の妥当性を検討する際に用いられる．たとえば，発達障害やうつ病に関する簡易診断テストでは，専門家の診断という外在基準が存在しており，その基準との一致の程度によって検討される．適性検査では，その職業における将来の成功度が外在基準となる．なお，この妥当性は，外在基準が尺度の実施時期と同時期に入手可能かどうかによって併存的妥当性と予測的妥当性が区別され，簡易診断テストの外在基準はそのテストの実施時期と同時期に入手可能であるため併存的妥当性と呼ばれ，適性検査の外在基準は，将来にならないと入手できないため予測的妥当性と呼ばれている．

③ 構成概念妥当性

測定する尺度や指標が，従来の理論や研究知見，経験的判断から導き出される構成概念を，どの程度正確に実現しているかを示すもので，内容的妥当性や基準関連妥当性を含むより高次の妥当性である．この妥当性は，ひとつの研究

のみで示されるものではなく，実証的研究や理論的研究を積み重ねることによって明らかにされる．その実証的証拠となるのが，収束的証拠と弁別的証拠と呼ばれるものである．

収束的証拠とは，同じ構成概念を測定する尺度間や，構成概念間に関連があると考えられる尺度間に，高い関連が示されるかどうかで検討される．たとえば，社交性を測定する質問紙尺度を開発する場合には，その尺度は行動観察など他の方法で測定された社交性と高い関連が示されなければならない．また社交性が親和動機と関連があると考えられる場合には，それらの尺度間にも関連が示される必要がある．他方，弁別的証拠は，異なる構成概念を測定する尺度間に高い関連が認められないことによって示される．社交性と外向性が異なる構成概念であり，それらを区別する必要があると考えるなら，社交性と外向性を測定する尺度間に高い関連が示されてはならない．

構成概念妥当性は，このような収束的証拠と弁別的証拠を積み重ねていくことによって検証されるものである．その意味で構成概念妥当性の検証は，「終わりのないプロセス」といわれている．

2節　心理学における研究方法

1. 横断的研究と縦断的研究

知能や性格，欲求といった構成概念の発達的変化を記述する方法には，横断的研究と縦断的研究という2つの研究法がある．

横断的研究は，調べたい年齢の対象者に対し同時期に調査を実施して，その結果を比較するというものである．たとえば，児童期から青年期に至るまでの性格や欲求の変化を検討するために，小学校から大学生を対象として調査を実施し，それらを比較するという方法がこれにあたる．この方法は，調べたい年齢の範囲が広い場合でも，同時期に調査を実施するので効率的である．ただし，各年齢の対象者が同一でないために，その結果には，発達的変化だけでな

く対象者の違いが反映されてしまうという問題がある．特に，高校や大学は入学試験などによる選抜が行われており学校間の違いが大きい．このような問題を回避するには，各年齢の調査対象者を無作為に抽出するという手続き（ランダムサンプリング）が必要となる．

縦断的研究は，同一の対象者に対してそれぞれの年齢段階に達したときに繰り返し調査を実施して，その変化を記述する方法である．これは，同一の対象に調査を実施しており，発達的変化を記述するには優れている．ただし，調査の実施には，調べたい年齢範囲と同じ年月が必要となるし，調査対象者の追跡にも多くの費用と労力が必要となる．

このような横断的研究と縦断的研究の利点と欠点を相互に補うために，両者を組み合わせた方法も開発されている．たとえば，複数の年齢段階に一定期間の縦断的調査を行い，その縦断的な結果をつなぎ合わせることによって，全体の発達的変化を記述する方法などがある．この方法を用いた研究によれば，20代後半をピークに低下すると考えられていた知能は，領域によっては非常に老齢になるまで維持されていることが明らかにされている（Schaie, 1979）．

2. 相関的研究

相関的研究とは，ある事象と他の事象との関係を調べ，その関係の強さを検討する方法のことをいう．この研究法は，事象間の関係をありのままに記述することが目的であり，条件操作が不可能な場合や倫理的に問題がある場合に用いられる．また，同時に多くの事象を測定できるので，どのような事象が関連するのかがわからない場合にも有効な方法といえる．

たとえば,児童・生徒のモラールを高めるにはどのような指導態度が望ましいかということを相関的研究によって検討することを考えてみよう．教師の指導態度には,受容的,指示的,規律的などさまざまなものがあると考えられる．そこで,これらの教師の指導態度を観察や調査によって測定し,それらと児童・生徒のモラールとの関連の強さを検討する.そうすれば,いずれの指導態度が児

童・生徒のモラールと強く関連し,あるいは関連しないのかが明らかとなる.

ただし,相関的研究で示されるのは事象間の関連の強さであって,因果関係を示すわけではないことには注意する必要がある.たとえば,上記の研究で教師の受容的な指導態度と児童・生徒のモラールに正の関連が示されたとしても,教師の受容的な指導態度が児童・生徒のモラールを高めたと結論づけることはできない.なぜなら,教師の指導行動と児童・生徒のモラールの間の因果関係は「教師の受容的な指導態度→児童・生徒のモラール」だけでなく「児童・生徒のモラール→教師の受容的な指導態度」という因果の方向も考えられるからである.

一般に,事象Aと事象Bに関連が示されるのは,①AがBの原因になっている場合（A→B）,②BがAの原因になっている場合（B→A）,③A,B以外のCという事象がAとBの共通の原因になっている場合（C→AかつC→B）,という3つの可能性が考えられる.相関的研究で示されるのは,これらのいずれかの可能性があるというだけであって,①②③のいずれが生じているかは実験的研究によって検証する必要がある.

3. 実験的研究

相関的研究は,事象間の関連性の有無を記述することを目的とするのに対し,実験的研究は,ある事象が他の事象に及ぼす影響,つまり,事象間の因果関係を明らかにすることを目的としている.

手続きとしては,まず等質な2つのグループが設定され,一方のグループ（実験条件）だけに原因となる事象が与えられる.そして,原因となる事象が与えられたグループ（実験条件）と与えられなかったグループ（統制条件）にどのような違いが生じるかが検討される.実験条件と統制条件には原因となる事象の有無以外には違いがないので,もし条件間に違いが生じているなら,それは事象の有無に起因すると考えられるわけである.先述した例でいえば,受容的な指導態度を行う学級（実験条件）と通常の指導を行う学級（統制条件）

を設定し，その学級間の違いを検討する．もし受容的な指導態度を行った学級の方が通常の学級よりもモラールが高ければ，その原因は教師の受容的な指導態度にあると判断される．

　実験的研究は結果の再現性が高く，普遍的な法則を見出すのに優れている．したがって，原因となる事象が明確で，厳密な仮説が立てられる領域では有効な方法である．しかし，条件設定が対象者に悪影響を及ぼす可能性がある場合には実施することはできないし，学級などを対象にする場合には厳密に等質な条件を設定することはむずかしい．このような場合には，低い統制状態で実験が行われ，これを準実験という．たとえば，実験条件と統制条件という条件間の比較ができない場合に，実験条件のみを用いて事象を操作する前後で比較する方法や，実験条件と統制条件が等質でない場合でも，対象者の情報を詳しく検討し，統計処理や結果を解釈する際にその情報を考慮するといった方法が挙げられる．

　ところで，実験的研究では条件が統制されているといっても，以下に示すような統制できないバイアスも存在している．実験の施行や結果の解釈に際しては，これらのバイアスについても考慮する必要がある．

① ホーソン効果

　これは，実験の対象者として選択され，観察されているという意識が実験対象者の認知や行動に影響を及ぼすことをいう．たとえば，新しく開発された教授法の実験対象者は，実験に参加し観察されているというだけで，より熱心に勉強するようになるかもしれない．この効果は，統制条件の対象者にも生じることが示されており，結果を解釈する際には注意する必要がある．

② 実験者（期待）効果（ピグマリオン効果）

　これは，実験者の期待が，実験対象者の行動や認知に及ぼし，結果として仮説にあった結果が得られることをいう．仮説を知っている実験者は，意識的，無意識的に仮説が支持されるような方向へと実験対象者を誘導するからである．同様の現象は教育場面でも生じていることが指摘されており，教師が期待

する児童・生徒は期待しない児童にくらべて学力が向上することが明らかにされている（Rosenthal & Jacobson, 1968）．このような効果を抑制するには，仮説や実験条件を知らない人に実験を行わせるなどの工夫が必要である．

③ ハロー効果（光背効果）

これは，人物の評価を行う際に生じる効果で，目立った良い特徴がひとつあれば，他の特徴についても不当に良く評価されてしまう傾向のことである（逆に，目立った悪い特徴があれば他の特徴も不当に悪く評価される）．たとえば，学業成績の良い児童・生徒は性格までよくみえることがある．面接や観察によって人物評価を行う際には注意が必要である．

④ 回帰効果

これは，測定の誤差から生じる効果で，同じテストを2回繰り返して実施した場合，得点が平均以上の人は次回の得点が低下し平均以下の人は次回の得点が上昇する傾向のことをいう．たとえば，ある訓練学習の効果を検討する場合を考えてみよう．訓練学習の効果は，成績の高い児童・生徒と低い児童・生徒ではその効果が異なると考えられるため，事前テストで成績の高い児童・生徒と低い児童・生徒に分けて訓練学習の効果を検討した．その結果，事前テストでの成績高群の成績は低下し，低群の成績は上昇するという結果が得られた．この結果から，学習訓練の効果は成績の高い児童・生徒には効果がないが低い児童・生徒には効果がある，と結論づけるには問題がある．なぜなら，同様の結果は回帰効果によっても生じるからである．特に，この効果は信頼性の低い尺度を用いた場合に大きく，尺度の信頼性がどの程度なのかを考慮に入れながら結果を解釈する必要がある．

3節　心理学におけるデータの収集法

心理学におけるデータの収集方法には，観察法，質問紙法，面接法，心理検査法がある．

1. 観察法

観察法には，観察対象に対して，意図的な状況や条件を設定せず，日常のありのままの行動をとらえる自然的観察法と，研究目的に合った場面状況を設定し，そこでの行動をとらえる実験的観察法がある．母子の愛着タイプを測定する「ストレンジ・シチュエーション法」は，実験的観察法の典型的な例といえる（図3-1）．

観察法の最大の長所は，行動が生じた状況や文脈をありのままにとらえられることである．これは行動の意味や原因を考える上で有益な情報をもたらすし，新たな発見や洞察を生み出すこともある．また観察法は言語によらないため，言語理解の乏しい乳幼児や子どもにも適用可能である．他方，短所としては，状況を統制することが難しく，結果の再現性に乏しいことが挙げられる．これは，観察の対象となる行動が偶然に左右されやすいことに加えて，観察者の存在そのものが観察対象者の行動に影響を及ぼしたり，観察者のバイアス（実験者効果やハロー効果など）があるからである．このような影響を低減す

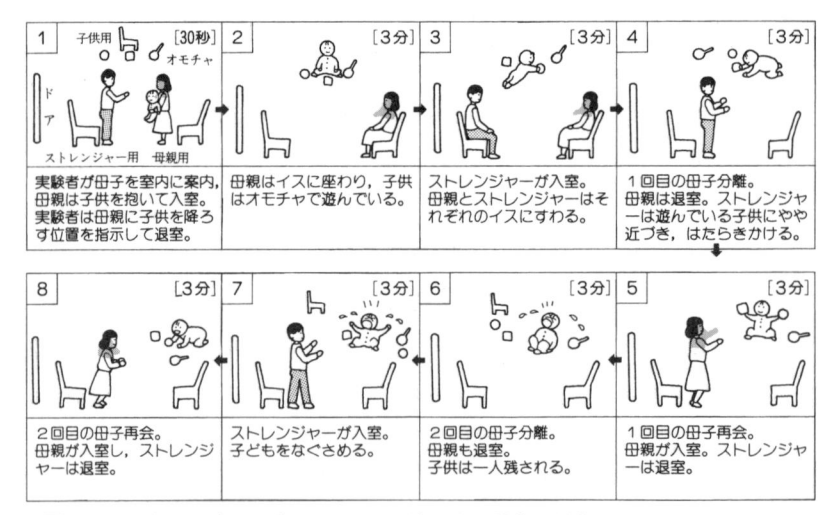

図 3-1 ストレンジ・シチュエーション法による愛着の測定（Ainsworth et al., 1978）
出所）市川伸一編著『新心理学ライブラリ 13 心理測定法への招待』サイエンス社，1991年，p. 254，図の原案は，永野・依田（1983：60）．

るには，観察対象となる行動の評定基準を明確に定め，観察者が十分な訓練を行うことが必要である．また観察を行う際には，観察されていることがわからないようにしたり，観察対象が気にしなくなるまで十分なコンタクトをとること，また観察する研究目的や仮説を知らない者に観察を行わせたり，複数で観察することが望ましい．

2. 質問紙法

質問紙法とは，対象者の意見や態度などを質問紙を使って直接回答してもらう方法である．回答の形式には，自由に記述させる自由記述法，選択肢のなかから回答を選択させる多肢選択法，項目に対する反対，賛成の程度や自分にあてはまる程度を評定させる評定尺度法（図3-2）などがある．また，事物や人物に対する印象やイメージを測定する場合には，セマンティック・ディファレンシャル法（SD法）という方法が用いられる．これは，事物や人物に対する

	よくあてはまる	ややあてはまる	どちらともいえない	ややあてはまらない	まったくあてはまらない
学校の授業はよく理解できる	5	4	3	2	1
学校に行くのが楽しみである	5	4	3	2	1

図 3-2　評定尺度法の例

明るい ├─────┼─────┼─────┼─────┤ 暗い

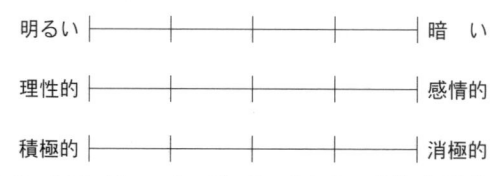

理性的 ├─────┼─────┼─────┼─────┤ 感情的

積極的 ├─────┼─────┼─────┼─────┤ 消極的

図 3-3　セマンティック・ディファレンシャル法（SD法）の例

イメージや印象をいくつかの形容詞対上（たとえば，明るい－暗い）で評定させるものである（図3-3）.

　質問紙法は，特別な器具を必要としないため，安価で一度に多くの対象者に実施可能である．また教示や内容，順序，回答の形式が一定であるので誰が行っても同じ結果を得ることができる．他方，短所としては，言語能力や内省力の乏しい対象には実施困難であることや，何を測定されているかが対象者にわかるため，社会的に望ましい方向に回答が歪むことや質問内容にかかわらず「はい」と回答してしまう傾向などが挙げられる．このような歪みは，回答を匿名にすることや極端な表現を避けること，質問項目のなかに測定したい意味とは逆の項目（逆転項目）を入れることなどの工夫によってある程度抑制できる．しかし，これらの歪みを完全に取り除くことはできないので，質問紙法を用いる際には，これらの短所を十分理解して実施する必要がある．

3. 面接法

　ここでいう面接法は，カウンセリングと呼ばれる相談を目的とした面接ではなく，研究や調査を目的として行う面接法のことである．質問紙法と同様に言語で質問し回答を求めるが，1対1の対話形式で行われる点が異なっている．面接法の形式は，その構造化の程度によって，構造化面接，半構造化面接，非構造化面接の3つに大別される．構造化面接は，質問内容や項目，順番があらかじめ決められた面接法である．それに対し，被面接者の反応を見ながらそれに合わせて質問の仕方を変えたり，解説を付け加えたりする面接法を半構造化面接という．非構造化面接は，大きなテーマを与える以外は被面接者に自由に語らせる面接法である．

　面接法の最大の長所は，1対1の対話形式で実施されることである．そのため，被面接者が質問を正確に理解しているかを確認できるし，対話の流れのなかで質問項目以外の情報を質問することも可能である．また基本的には言語を媒介とするが，絵などの言語以外の用具を用いれば質問紙法が困難な子どもに

も実施できる．他方，短所としては，1対1で面接するので時間と費用がかかることに加えて，面接者の力量や被面接者との関係性によって得られる結果が大きく異なることが挙げられる．面接を行う際には，十分な訓練を行うとともに，被面接者との良好な関係づくり（ラポール）にも配慮する必要がある．

4. 心理検査法

心理検査法は，仮説検証を目的とした研究のために実施されるものではなく，個人の評価や診断のために実施される方法である．個人の評価や診断が目的であるため，用いられる尺度は十分な信頼性と妥当性が検討されており，かつ，実施される状況や手続き，得点化の方法，結果の解釈にいたるまで明確に定められている必要がある．

心理検査法で用いられる検査には，知能検査では，ウェクスラー知能検査（WIPPSI，WISC，WAIS），ビネー式知能検査，K-ABCなどがある．また性格検査では質問紙形式の検査として，ミネソタ多面人格目録（MMPI），矢田部・ギルフォード性格検査（Y-G性格検査），東大式エゴグラム（TEG），投影法形式の検査として，ロールシャッハ・テスト，マレー絵画統覚検査（TAT），R-Fスタディ，作業法形式の検査として内田-クレペリン検査などがある．これらの検査で明らかにされる領域は検査ごとに異なっており，個人をさまざまな観点から評価，診断するには，ひとつの検査だけでなく複数の検査を組み合わせて実施することが望ましい（テスト・バッテリー）．

引用文献

Ainsworth, M. D. S., Blehar, M. C., Waters, E. & Walls, S.（1978）*Patterns of attachment.* Hillsdale, NJ : Laurence Erlbaum Associates.
市川伸一（編著）（1991）『新心理学ライブラリ13　心理測定法への招待』サイエンス社
永野重史・依田明（1983）『発達心理学への招待1：母と子の出会い』新曜社
Rosenthal, R. & Jacobson, L.（1968）*Pygmalion in the classroom.* New York: Holt.
Schaie, K. W.（1979）The primary mental abilities in adulthood: An exploration in the development of psychometric intelligence. *Life span development and behavior.* New York: Academic Press, pp.67-115.

4章 発達の諸理論

1節　発達理論を学ぶ意義

　発達の理論を学ぶことには，どのような意義があるだろうか．シーグラーほか（Siegler et al., 2006）は，発達理論を学ぶ意義を以下の3点にまとめている．

　まず第1に，発達理論は重要な発達現象を理解するための枠組みを与えてくれる．子どもが示すちょっとしたエピソードも，ある理論を学ぶことで，発達上重要な意義をもつものであることが理解できるようになる場合がある．

　第2に，発達の理論は人間の本性について決定的に重要な問題を提起する．ある理論が，ある出来事を重要な発達上の特徴だととらえるのには根拠があり，それを学ぶことで，より深い人間理解が得られる可能性がある．

　第3に，発達の理論は子どもに対するよりよい理解をもたらす．理論によって刺激されて始まった研究の結果は，理論の主張を支持したり，支持しなかったり，あるいは理論に洗練を迫ったりするが，そのことによって，私たちの子どもに対する理解は発展するのである．

　以下，今日の代表的な発達理論を紹介していくうえで，認知発達に関わる諸理論と，社会的発達に関わる諸理論に大きく区分して述べていきたい．認知発達に関わる諸理論は，発達のプロセスのなかで人間がどのように知識を獲得し，どのような問題解決を行うようになるか，といったことを説明しようとする理論である．社会的発達に関わる諸理論は，発達のプロセスのなかで人間が，どのように周りの人々や社会と関わり影響を受けるかということを説明しようとする理論である．

2節　認知発達の諸理論

1. ピアジェの理論

　ピアジェ（Piaget）は19世紀末にスイスに生まれ，最初生物学の研究を志したが，後に認知発達の研究を行うようになった．ピアジェ理論の基本にある考え方として最初に指摘しておくべきなのは，子どもは生まれたときから身体的に能動的であるだけでなく心理的にも能動的な存在だという点である．彼の理論が構成主義と呼ばれるのは，子どもが自らの経験を元に知識を構成していくとピアジェがとらえているからである．それゆえピアジェは，遺伝と環境の影響に関して，相互作用論の立場の代表例として取り上げられることが多い．

　ピアジェは，発達を連続的であると同時に不連続的でもあるととらえている．連続的というのは，人間が外界（環境）を認知する基本的なはたらきが，乳児から成人に至るまで基本的に変わらないということであり，この点をさして機能的連続と呼ぶ．基本的なはたらきには，同化（assimilation），調節（accomodation）および均衡化（equilibration）の3つのプロセスを区別することができる．

　同化とは，人間がすでにもっている認知構造に外界を取り込むことである．たとえば，ある子どもが，昆虫とは小さくて羽があり飛ぶものだという認識をもっていたとしよう．この知識を当てはめることで，蝶も蝉もトンボもみな昆虫だと判断したとしたら，この子どもは同化を行ったことになる（岡本，1986）．

　それに対して調節とは，外界に合わせて認知構造を変えることである．子どもの昆虫理解の例で説明すると，たとえば子どもが羽のない蟻を見てそれも昆虫であることを知ったときに調節が起こることになる．蟻を昆虫であると知る以前には，子どもは昆虫のことを「小さくて羽があり飛ぶもの」と考えていたが，「羽がなく飛ばない昆虫」である蟻に直面したことで，認知構造が変化することになるわけである．

認知のはたらきは，通常，同化と調節がバランスを保つように機能している．両者のバランスを保つはたらきが，均衡化である．さまざまな事柄を理解しようとして，人間はまず自分がもっている認知構造をとりあえず当てはめてみようとする（同化）．それでうまくいけば，既有の認知構造だけで理解できたことになる．しかし，それでうまくいかなければ，認知構造の方を変える（調節）ことで事態に対処する．そうして新たに修正された認知構造によって，同化が行われる．以上述べたように，同化と調節がバランスを保ちながら環境への理解が発展していくのであり，均衡化は認知発達のプロセスでもあるということができる．

　ピアジェが不連続だととらえているのは発達段階である．ピアジェはまた，発達段階は構造的な物だととらえている．それゆえ，質的転換によって発達段階が進むとする考え方を構造的不連続とよぶ．発達段階の区分の仕方は，ピアジェの研究の時期ごとに異なっているが，感覚運動期，前操作期，具体的操作期，形式的操作期の4つの段階区分がもっともよく知られている

　ピアジェ理論に対する批判には，さまざまなものがあるが，その主要な論点のひとつは，ピアジェ理論で用いられている主要な概念（たとえば，同化と調節）が実験的に検証できるようなものになっていないという点が挙げられよう．しかし，子どもは環境との相互作用によって知識を構成していくとする発達観は，今日でも多くの研究に影響を与え続けている．

2. 情報処理理論

　認知の機構を一連の情報処理過程として記述しようとする理論を情報処理理論と呼ぶ．ピアジェ理論とは異なり，シーグラー（Siegler）やケース（Case）をはじめさまざまな研究者がそれぞれ異なる観点から研究を行っているので，ひとつにまとまった理論があるわけではないが，それらの研究には，おおよそ以下に述べるような共通点があるといってよい．

　まず第1に，人間を，情報処理の容量に制約のあるシステムとしてとらえよ

うとする観点を挙げることができる．情報処理理論は，人間の情報処理システムを，コンピュータの処理システムとの対比でとらえている．コンピュータの処理容量は，ハードウェア（メモリー容量，操作効率など）とソフトウェア（プログラム，課題に対応した利用しうる情報など）によって制約を受ける．人間の思考も，同様の要因によって制約される．すなわち，記憶の容量，思考過程の効率，適切な方略や知識の利用可能性である．それゆえ，情報処理理論の観点からみると，認知発達は，記憶容量の拡張，基礎的処理実行の効率性の向上，ならびに新たな方略や知識の獲得を通じて処理の制約を徐々に克服していく過程だととらえられるのである．

第2の共通点は，人間を，能動的に問題解決を行う存在としてみる観点である．問題解決には，目標，目標達成を阻む障害，および障害を克服し目標を達成する方略やルールが含まれる．

ピアジェの理論が，やや抽象度の高い概念を用いて発達を質的に記述するのに比較して，情報処理理論は，発達や学習における変化が具体的にどのように起こるかを量的に記述することに焦点を当てている．たとえば，ピアジェは発達段階間の移行に際し発達の質的な変化を想定するのに対し，情報処理理論では量的な変化によって記述しようとする．情報処理理論は具体的に実証可能な変数に基づく議論を展開するのでわかりやすく，教育への応用にも力が注がれやすい．しかし，ピアジェの理論にまさるほど認知発達を包括的にとらえてはおらず，それゆえ，両者は相互補完的な関係にあるといえるだろう．なお，情報処理理論において，特によく研究されているのは，記憶の発達（6章も参照のこと）と問題解決の発達である．

3. 中核的知識の理論

中核的知識の理論も，人間を能動的な学習者ととらえている点で，ピアジェ理論や情報処理理論と似ている．両者と大きく違うのは，認知的な能力について，生得的な傾向性を強調する点である．ピアジェ理論と多くの情報処理理論

においては，生得的な能力はすべてのタイプの知識に対応する一般的な学習能力のみであるとされる．それに対し，中核的知識の理論では，そうした一般的学習能力に加えて，重要な情報を無理なく速やかに獲得することを可能にする，ある領域の知識に特化した学習メカニズムないしは心的構造をもって人間は生まれてくるのだととらえている．こうした主張の初期の代表例は，言語の生得性を主張したチョムスキー（Chomsky）の考え方である．その他にも，適応に有利な情報への生得的な敏感さの例として，乳児は誕生後すぐから，他の形状よりも人間の顔らしき形に対し注意を向けやすい傾向があることが知られている．

特定領域に特化した生得的な学習メカニズムがあることで，ある種の「理論」といってよい体制化された知識構造を発達の早い時期から作り上げることができると考えられている．このような理論は他人から教わらなくてももっている素人の理論という意味で，ウェルマン（Wellman）をはじめ多くの研究者が「素朴理論」と呼ぶようになった．ちなみに，子どもがもつような知識に対して，理論という言葉を用いるのは，単に体制化された知識というだけでなく，因果的な説明の原理を含んでいるからである．今のところ，幼児期の終わりまでに素朴理論が成立すると研究者が合意している領域は，物理，心理，生物の3領域である．

素朴物理学は，3領域のなかでもっとも早くから獲得される．乳児は早くから，物体は一定の空間を占め，外的な力が加わるときのみ動き，ある場所から他の場所まで瞬時に移動するのでなく連続的に移動するものであるという知識をもっている．たとえば，ベイヤジャン（Baillargeon）は，工夫を凝らした実験装置を用いて，ある固体が他の固体のなかを通って表れる場面を3ヵ月児に見せたところ，それらの乳児が驚くことを観察した．生後1年以内には，物理的事物の基本的な性質や因果性が理解されるようになる．また，3, 4歳になれば，物理的事物の運動や位置は力の伝達によって生じたり決まったりするという物理的な因果説明の原理を備えるようになり，それを推論にも使用できる

ようになる．

　素朴心理学も，幼児期の比較的早期（早ければ18ヵ月頃）から獲得され始める．他者の行動は，自分とは異なるその人自身の目標や欲求を反映しているという直観から成っているのが，初期の素朴心理学である．たとえば，2歳児は自分が空腹でなくとも，目の前の人が空腹で何か食べ物を欲しているということが理解できるようになる．3，4歳になれば，人間の行動は信念や欲求などの心的な状態が原因となって起こるという因果説明原理を備えるようになり，それを推論に使用できるようになる．

　素朴生物学の獲得は，素朴心理学よりやや遅く，最初にその萌芽が見られるのは3歳頃であり，その頃には，人間と動物は生きていて，無生物や植物とは区別されることに気づくようになる．たとえば，3，4歳児は，動物は人工物とは異なり，自分自身の力で動くことがわかるようになる．幼児期の終わり頃までには，心的，物理的因果説明とは異なる生物現象に特有の因果的説明原理をもつようになる．

　以上述べたような中核的知識の理論は，比較的近年になって発展してきた研究分野であり，子どもの認知発達の特徴を新たな観点から明らかにしたものとして評価できるだろう．

4. 社会文化的理論

　社会文化的理論の特徴は，何よりも認知発達の起源を社会的関係に求める点にある．先述の3つの理論（ピアジェの理論，情報処理理論，中核的知識の理論）は，いずれも個々の子どもが周りの世界を理解するために能動的な努力を行うことに力点を置いていたのに対して，社会文化的理論は，子どもが他者との間に相互作用をもつことが認知発達上重要である点を強調するのである．

　社会文化的理論は，旧ソ連の心理学者ヴィゴツキー（Vygotsky）によってその基礎が築かれたものである．ヴィゴツキーの基本的立場は，認知発達を文化獲得あるいは文化学習ととらえる点にある．子どもは大人との社会的相互交渉

（コミュニケーション）を通じて，この文化獲得を行う．最初は，社会的相互交渉の場でのみ機能していた精神活動が，やがて，子ども自身のなかで行われるようになっていく．これをヴィゴツキーは，精神間機能から精神内機能への変化ととらえている．このようにヴィゴツキーは，認知発達が社会的な起源をもつことを強調し，文化獲得である認知発達を支える大人による教育活動の重要性を強調している．この教育活動に関わって，ヴィゴツキーは，「最近接の発達領域」(Zone of Proximal Development : ZPD) という重要な概念を提起している．

最近接の発達領域とは，簡単にいうと，子どもが独力で問題解決をするときに成し遂げられることと，大人など，文化のなかで子どもよりも有能なメンバーの助けで成し遂げられることとの間の距離ないし間隔のことである．教育が真に効果を現すのは，この部分に働きかけるときであることをヴィゴツキーは強調したのである．つまり，大人が，現時点での子どもの発達の一歩，あるいは半歩先にあって先導することが，もっとも最適な教育的働きかけとなるといえるだろう．なお近年，最近接の発達領域の概念を発展させて，足場作り (scaffolding) や誘導的参加 (guided participation) といった考え方が提起されている．

教育との関連でヴィゴツキーが強調しているもうひとつの点は言語の役割である．子どもが，大人などの他者との社会的相互交渉を行ううえで，言語は主要なコミュニケーションの手段として機能する．文化的獲得にとって，言語は欠かせないものなのである．しかし，最初はコミュニケーションの手段であった言語が，次第に内面化されて自己内対話が行われるようになり，行動調整や思考のための手段となっていく．言語が思考の道具となることによって，いわば真の意味での反省的な思考が成立するようになるといってよいのである．

今日の代表的な社会文化的理論の研究者の一人であるトマセロ (Tomasello) は，以下のように述べている．人類は，複雑で急速に変化する文化を創造する能力にとって決定的に重要な2つのユニークな特徴をもっている．ひとつは，

他者に何らかのことを教えようとする傾向であり，もうひとつは，そうした教育に参加し学ぼうとする傾向である．ヴィゴツキーによって基礎が築かれた社会文化的理論は，今日，多くの研究者によって，さまざまな方向で発展がめざされている．

3節　社会的発達の諸理論

1. 精神分析理論

　フロイト（Freud）の精神分析理論は，その後に続く多くのパーソナリティ発達や社会的発達の研究に影響を与えただけでなく，西欧の文化そのものにも影響を与えている．フロイトは，開業医として神経症者の治療に携わるなかで，精神分析という治療技法を編み出すとともに，その基礎となる理論を築いた．

　まずパーソナリティの構造に関わる部分について述べると，精神分析理論では，イド（エス），自我，超自我という3つの要素を仮定し，それらに周りの世界（外界）を加えた4者の相互作用からパーソナリティのはたらきを説明している．イドは，パーソナリティのなかでもっとも早くから生じる原初的な要素であり，そのはたらきは直接意識されず，快感原則（常に欲求充足を優先する）に沿って活動すると考えられている．自我は，イドに次いで発達してくる要素であり，パーソナリティのなかでは，いわば周りの世界とイドと超自我の三者間の調停役を担っている理性の座である．超自我は，最後に発達してくる要素であり，内面化された道徳律から構成される，いわば良心の座である．パーソナリティの発達は，最初，衝動的に欲求充足することを求めるイドのはたらきに支配されているが，徐々に自我が形成されることで現実との折り合いを付けることができるようになり，さらに社会で共有されている道徳規範が内面化されることで，成熟したパーソナリティとなるとフロイトは考えたのである．

　また精神分析理論では，ピアジェの理論のように発達段階を想定する（むし

ろ歴史的には，フロイトの段階論的な考えがピアジェに影響しているといってよい）．その発達段階は，生物学的な成熟によるところが大きいものであるが，同時に，さまざまな経験の影響を受けるものでもある．

　発達段階についてのフロイトの基本的考え方では，心理的エネルギーであるリビドーが，身体のどの部位に現れるかによって，それぞれ口唇期（誕生〜生後1歳半頃），肛門期（1歳半〜3, 4歳頃），男根期（3, 4歳〜5, 6歳頃），潜在期（5, 6歳〜11, 12歳頃），性器期（11, 12歳〜）という発達段階が区分される．リビドーは，欲求充足を求めるエネルギーであり，青年期以降の性器期では，性的欲求として現れる．しかし，リビドーのはたらきは，狭い意味での性欲に限定されない，身体的な快感を求めるエネルギーだととらえるべきものである．たとえば口唇期では，乳房から母乳を得るという活動によって欲求が満たされるだけではなく，口で何かを吸うという活動自体に欲求充足の意味があると考えるのである．実際，乳児はおしゃぶりを吸ったり自分の指を吸うことである種の安心感や満足感を得るが，これが口唇愛的な欲求充足なのである．何らかの障害によって，各段階に特有のリビドーの欲求充足がひどく妨げられると，固着と呼ばれる問題が生じると考えられる．つまり，その段階特有の欲求充足に問題を残した形でパーソナリティが形成されると考えるのである．

　性的側面を強調しすぎるともいえるフロイトの考え方に対し，同じ精神分析の流れをくむとはいえ，エリクソン（Erikson）は，フロイトの考え方に社会的な影響の要因を付け加え，独自の発達理論を構成している．発達段階の考え方についても，フロイトではせいぜい成人期で発達の区分が完了しているが，エリクソンは成人期以降にも発達段階を想定しており，生涯発達の考え方の，いわば先駆的なモデルとなっている．

　フロイトによる精神分析理論に対しては，多くの批判がある．実際の子どもの発達に基づくのではなく，フロイトのもとを訪れた患者たちの遡及的な記憶に基づいて理論が形成されているという点や，性の問題に焦点化しすぎている

という点で，フロイトの理論は多くの批判にさらされてきた．確かにそれらの批判には正当なものが多いが，他方，発達初期における家族のなかでの経験がその後の対人関係に影響を与えるという指摘などは，今日でも，愛着理論などに受け継がれている．

2. 学習理論

　学習理論では，生得的な傾向よりは，さまざまな経験がパーソナリティや社会的行動を形成することを重視している．

　行動主義という考え方を提起したワトソン（Watson）は，『行動主義』(*Behaviorism*) と題する彼の著作のなかで，子どもを育てるための環境を意のままに操れるのであれば，赤ん坊をどのようなたぐいの専門家にでもすることができる，といった趣旨のことを述べている．彼の理論的基礎のひとつは古典的条件づけ（12章も参照のこと）である．

　実際彼は，アルバート坊やと名づけた9ヵ月の乳児に対して，古典的条件づけを用いた，ラットに対する恐怖反応の形成を試み成功している．最初にラットを見せると，アルバートは興味を示した．次いで，ラットを見せるたびに，驚くほどの大きな音を聞かせた．すると，大きな音がしなくても，アルバートはラットを怖がってさけるようになったのである．こうした感情的反応の形成は，私たちも生活のなかで経験する可能性がある．たとえば，幼児が病気で医者に行って注射をされて痛い経験をしたことがあると，たとえ注射を見なくとも医者や看護師の姿を見ただけで，泣き出したりするということがありうる．

　ワトソンや，それ以後の行動主義者の考え方に基づけば，子どもの行動形成においては大人，とりわけ親の意図的なしつけの意義が強調される．それに対して，バンデューラ（Bandura）に代表される社会的学習理論の立場からは，意図的なしつけと同時に，子どもの周りにいる大人がどのように振る舞うかが重要であることが指摘されている．

　社会的学習理論では，行動形成に重要な役割を果たすのは，観察学習であ

る．すなわち，子どもは周りの人々の行動を見るだけで，それを自分の行動に取り入れるのである．こうした行動の模倣は，モデルとなる人の行動を直接見ることで生じるだけでなく，人の行動を知るだけでも生じうるので，テレビや映画，あるいは読書によってもそうした効果は得られるのである．

バンデューラは，ワトソンなど初期の行動主義的学習理論家とは異なり，子どもの能動的な役割を強調し，発達を子どもと社会的環境との相互的な決定の過程としてとらえている．つまり，子どもの現時点での行動傾向は，ある特定の人々との相互作用を求めることとなり，そうした相互作用は，ある特定の行動傾向を強める，という相互的な影響関係の循環が生じるという考え方である．どういう人をモデルとして行動を模倣するかには，偶然の要素も当然含まれるが，子どもの側の選択という要素も重要なのである．

学習理論は，特に初期においては，子どもの能動性を軽視する問題点を含んでいた．しかし，実証的な研究に基づき理論の検証が可能であるという点で優れているといってよい．また，行動療法などの臨床的利用を含む多くの実践的応用がなされていることも付け加えておくべきであろう．

3. 社会的認知の理論

精神分析理論や学習理論が発達の主要な源泉として外的な力を取り上げるのに対して，社会的認知理論は子ども自身が社会化を遂げていくプロセスを重視する．つまり，この理論では，発達を子ども自身が能動的に形成するものと見なしているのである．

セルマン（Selman）は，社会的認知理論の立場に立つ代表的な研究者である．セルマンは，役割取得に関する発達段階理論を提唱している．段階1（およそ6～8歳）においては，子どもは他者が自分とは異なる見方をすることがあることに気づくようになるが，そうした異なる見方は単に他者が自分と同じ知識をもっていないからだと考えている．段階2（およそ8～10歳）では，子どもは，単に他者が異なる見方をすることがわかるだけではなく，他者の観

点についても考えが及ぶようになる．しかし段階3（およそ10～12歳）になるまで，子どもは，自分と他者の観点を体系的に比較することができない．この段階においてはまた，子どもは第三者の観点を取ることもできるし2人の他者の観点を評価することもできる．段階4（およそ12歳以上）では，子ども（青年）は，他者の見方が彼らの社会集団の大半の人たちの見方と同じかどうかを評価することで，他者の観点を「一般的な他者」との対比で理解しようと試みるようになる．

発達的に，他者の観点を考慮できるようになっていくと考えるセルマンの段階的な発達理論は，ピアジェの主張する認知の段階的な発達の考え方に依拠しているといってよいであろう．

4．比較行動学理論

この理論は，ローレンツ（Lorenz）によって基礎づけられた理論である．比較行動学は，本来，動物の適応行動を進化の文脈においてとらえようとする研究分野であって，人間発達に直接焦点を当てたものではないが，そこで得られたいくつかの重要な知見が，人間発達の理解に貢献してきたのである．そうした知見のなかでもっとも重要なものが刻印づけ（imprinting）である．刻印づけとは，ある種の鳥類やほ乳類でみられる現象で，生まれたばかりの子どもが，最初に見たものを母親であると認知して，どこへでもついて行くようになることを指している．刻印づけが起こるのは，生後一定の時間範囲だけであり，これを臨界期（critical period）と呼ぶ．ちなみに，人工孵化された灰色ガンが，最初に見た対象であるローレンツに刻印づけを起こし，どこに行くにも彼の後を追いかけたエピソードはよく知られている（1章も参照）．

刻印づけは，人間発達の見方にどのような影響を与えたのであろうか．実際には，人間の新生児は刻印づけを起こさない．しかし，生後すぐから，人間の顔らしきものを好んで見る傾向はもっている．人間には，人間特有の進化によって獲得された生得的傾向性があるはずだというのが，比較行動学的な考え方

であり，さまざまな影響を発達心理学に与え続けている．さらに，刻印づけは人間には生じないが，親子の情緒的な絆の形成は，乳児期の発達においては重要であり，これを愛着という概念でとらえたのがボウルビー（Bowlby）である．親子の絆の形成は，親が食べ物を与えたり世話をしてくれることから二次的に学習されるとする学習理論に基づく考え方を批判し，子ども自身に身近な他者と愛着を形成しようとする生得的な傾向があることを主張したのである．

5. ブロンフェンブレンナーの生態学的理論

　ブロンフェンブレンナー（Bronfenbrenner）は，子どもの発達に影響を与える環境を，ロシア人形のようにいくつもが次々と内部に抱き合わされている入れ子構造のようになっているようなものとしてとらえている．

　発達する子どもと直接的な関係がある第1のレベルの環境は，マイクロシステムと呼ばれる．マイクロシステムのなかでも中心的な位置を占めるのは家族であるが，子どもは大きくなるにつれ，友達や先生，あるいは保育所，幼稚園，学校や地域等で子どもが関わる組織（スポーツチームなど）といった広がりをみせるようになる．どのような環境でもそうなのだが，特にマイクロシステムの場合，環境の側が一方的に子どもに影響を与えるのではなく，影響は双方向的であるということをブロンフェンブレンナーは強調している．具体的には，たとえば，両親の夫婦関係は，子どもの養育の仕方に影響するが，他方，子どもの行動は，両親の夫婦関係に影響を及ぼすのである．

　第2のレベルはメゾシステムと呼ばれ，マイクロシステム相互の関係からなるものであり，さらにその上に第3レベルのメゾシステム（地域，マスメディア，親の職場など），第4レベルのエクソシステム（教育観，信念体系，法や習慣など）それぞれが，より下位のレベルのシステムを包含していると考えるのである．さらに，時間軸の次元として，クロノシステムという概念も想定されている．

　発達に及ぼす環境の影響をとらえる場合，多くの研究が，特定のいくつかの

要因を取り上げることが多いが，環境の影響は多層的で複雑であるだけに，こうしたブロンフェンブレンナーのとらえ方は，現実に生じるさまざまな問題にアプローチする上で，重要な視点を提供しているといえるだろう．

4節 まとめ

　本章では，いくつかの主要な発達理論を取り上げ簡単な紹介を行った．人間の発達はきわめて複雑な現象であり，どのような視点から発達をとらえるかによって，発達の相貌も異なった現れ方をするものである．各発達理論が，どのような視点から発達をとらえようとしているかが，それぞれの発達理論を特徴づけてもいるのである．

　読者の皆さんも，自らの問題関心に合わせて，機会があればさらに詳しく発達の理論を学んでほしい．

引用文献
岡本夏木（1986）「ピアジェ，J.」村井潤一（編）『発達の理論をきずく』ミネルヴァ書房，pp.127-161.
Siegler, R.S., DeLoache, J. & Eisenberg, N. (2006) *How children develop,* second edition. New York: Worth Publishers.

参考文献
東洋・繁多進・田島信元（編）（1992）『発達心理学ハンドブック』福村出版
浜田寿美男（編）（1996）『《別冊発達20》発達の理論―明日への系譜』ミネルヴァ書房．

5章 身体と運動機能の発達

1節 身体の発達

1. 身体の発達パターン

　年齢とともに身長や体重は徐々に増加していくが，身体の各器官は同時に同じ割合で発達していくのではない．スキャモン（Scammon）は，各器官の発達のパターンをリンパ型，神経型，一般型，生殖型の4つに分類し，出生時から20歳までの発育増加量を100とした場合の，各年齢時点までの増加量を図5-1のようにまとめた（岡，1992）．リンパ型には，胸腺，リンパ腺，扁桃腺などが，神経型には脳髄，脊髄，眼球などが，一般型には，頭部以外の身体の外的計測値（たとえば身長や体重），筋肉系・骨格系，呼吸および消化器官，腎臓・脾臓，動脈・静脈・血液量が，生殖型には，睾丸，精囊，卵巣，子宮などが，それぞれ分類される．

　各型の発達パターンをみると，リンパ型は他の型と異なり，11歳前後の頃に，一時的に成人の2倍近くまで急速に発

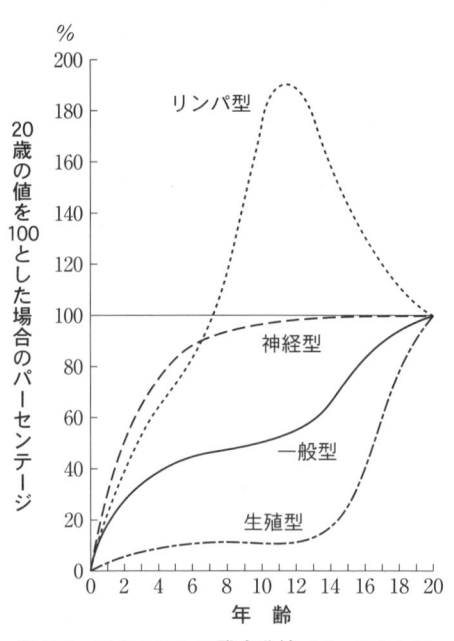

図5-1　スキャモンの発育曲線（岡，1992：46）

育する．一般型は，出生直後から2歳ぐらいまでの間と，中学生ぐらいの頃の2つの時期に，急激な発育がみられる．神経型と生殖型においては，出生直後から幼児期，または，青年期，というある一定の時期に急激な発育がみられる．

2. 身長・体重の発達

　図5-2は2005年度の17歳（1987年度生まれ）の身長および体重の年間発育量を示したものである（その親の世代にあたる1957年度生まれのデータも示した）．図をみると，1987年度生まれの女子では9歳から11歳の間で，男子

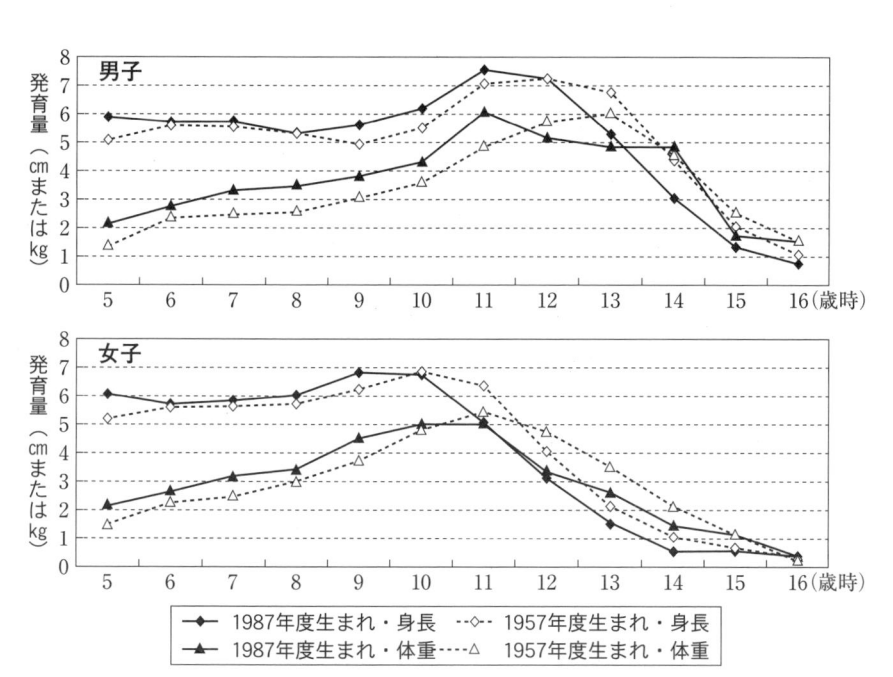

注）年間発育量は，たとえば1987年度生まれの5歳時であれば，平成6年度調査の6歳の者の体位から平成5年度調査の5歳の者の体位を引いた値である．したがって，同じ子どもを17年間追跡調査したものではない．
資料）平成17年度学校保健統計調査データ（文部科学省，2006）

図5-2　1987年度生まれと1957年度生まれの身長および体重の年間発育量

表 5-1 年齢別の身長，体重の平均値

（かっこ内の数値は標準偏差）

年齢	身長 (cm) 男子	身長 (cm) 女子	体重 (kg) 男子	体重 (kg) 女子
5歳	110.7 (4.72)	109.9 (4.68)	19.1 (2.75)	18.7 (2.64)
6歳	116.6 (4.92)	115.8 (4.90)	21.6 (3.55)	21.1 (3.42)
7歳	122.5 (5.16)	121.7 (5.22)	24.3 (4.34)	23.6 (4.03)
8歳	128.2 (5.48)	127.5 (5.50)	27.4 (5.44)	26.8 (5.03)
9歳	133.6 (5.66)	133.5 (6.20)	30.9 (6.56)	30.2 (6.14)
10歳	139.0 (6.12)	140.1 (6.78)	34.7 (7.65)	34.4 (7.34)
11歳	145.1 (7.14)	146.9 (6.69)	39.1 (9.16)	39.5 (8.21)
12歳	152.5 (8.07)	152.0 (5.94)	44.9 (10.34)	44.4 (8.70)
13歳	159.9 (7.72)	155.2 (5.42)	50.1 (10.58)	48.0 (8.29)
14歳	165.4 (6.75)	156.8 (5.27)	55.3 (10.62)	50.8 (8.09)
15歳	168.4 (5.89)	157.3 (5.31)	60.3 (11.35)	52.4 (8.50)
16歳	170.0 (5.81)	157.8 (5.31)	62.2 (11.01)	53.3 (8.13)
17歳	170.8 (5.81)	158.0 (5.28)	63.8 (11.08)	53.7 (8.45)

注）　年齢は，平成17年4月1日現在の満年齢である．
資料）　平成17年度学校保健統計調査のデータ（文部科学省，2006）

ではそれより遅く11歳から13歳頃の間で，急激に身長が伸びている．体重の急激な増加が起こるのも女子の方が早い．こうした急激な体格の変化は，思春期スパートと名づけられている．男女でスパートの時期が異なるため，小学生高学年の頃は，女子の方が体格が良いという現象がみられる（表5-1参照）．また表5-1で，男子の11歳から13歳，女子の9歳から11歳での身長の標準偏差が大きくなっている．このことから，遠藤（2000）が指摘しているように，思春期スパートの時期は他の時期に比べて体格の個人差が大きいことがわかる．

ところで，身長や体重はスキャモンの分類では一般型に入る．この一般型の発達パターン（図5-1）と図5-2の1987年度生まれの変化のパターンを比べると，後者の方が思春期スパートの時期が早くなっている．また，親世代にあたる1957年度生まれと比べても，1987年度生まれの方が発育量が最大になる

時期が1, 2年早い．このような現象は発達加速現象と呼ばれている．この現象については，本節の4で説明する．

3. 性的成熟

児童期後期から青年期前期にかけてみられる性的成熟は，第二次性徴と呼ばれる．男子では，睾丸や陰茎が急激に成長し始めるとともに，アンドロゲン（男性ホルモン）の分泌量が急増する．それに続いて恥毛が生え始め，声変わりが明確になり，喉仏が突出する．また，精通が起こり，腋毛，ひげ，胸毛，すね毛などの体毛やひげなどの顔面の毛が生えはじめる．女子では，アンドロゲンが男子ほどではないが急増し，卵巣からのエストロゲン（女性ホルモン）の分泌も急増する．卵巣や子宮が増大し，骨盤が大きくなり，乳房が発達し，皮下脂肪が増える．また，恥毛や腋毛が生えはじめるとともに月経が始まる（岡，1992）．

　性的成熟は，身長や体重の発育のような量的変化ではなく，それまでは不可能であった生殖が可能になるという質的な変化である．射精や月経の経験率をまとめた表5-2からは，この性的成熟という質的変化の始まる時期においても，量的変化である身長・体重の場合と同様に，性差のあることが示唆される．

表5-2　射精・月経の経験率

(%)

	1981年		1987年		1993年		1999年	
	男子	女子	男子	女子	男子	女子	男子	女子
中学			37.8	75.0	46.7	80.3	52.9	83.4
高校	87.1	97.2	83.8	95.5	86.0	95.1	88.6	96.3
大学	95.4	98.4	92.0	98.4	91.5	98.0	97.2	98.0

資料）日本性教育学会（2001）のデータにもとづく．

4. 発達加速現象

発達加速現象とは，前の世代に比べて年々身長や体重が増加して体格が良くなり，思春期スパートや性的成熟の始まる時期が早くなる現象のことである．前者を成長加速現象，後者を成熟前傾現象と区別することもある．

図5-3は，2000年から10年ずつさかのぼり，それぞれの年において10年前の同年齢の平均身長との差を求めたものである．たとえば，1970-1980の11歳・男子のグラフは，1980年度の11歳男子の平均身長から，1970年度の11歳男子の平均身長を引いた値を示している．図を見ると1939年から50年の戦争のあった時期を除いて，ほぼすべての変化量がプラスになっており，年を追うごとに平均身長が高くなっていることがわかる．また，身長・体重の年間発育量（図5-2）や射精・月経の経験率（表5-2）からは，新しい世代の方

注） 1940年のデータが得られなかったため，1939年の値を代わりに用いた．
資料） 平成17年度学校保健統計調査データ（文部科学省，2006）

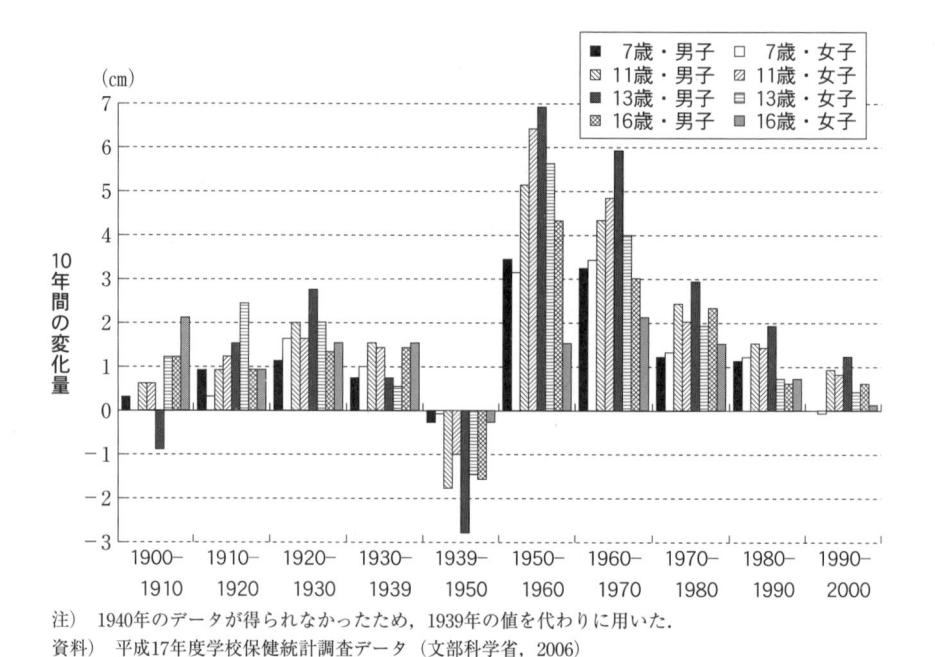

図 5-3　1900年から2000年の身長の年代差の推移

が思春期スパートや性的成熟がより早く始まり，成熟前傾現象が生じていることが示唆される．

ただし，1950年から1970年の20年間をピークに，身長の変化量は徐々に少なくなってきている（図5-3）．このように，近年，発達の加速は弱まってきているようである．

5. 子どもの身体と健康

現在，肥満傾向と判定される子どもの割合が，10年前，20年前と比べて増加している（表5-3）．痩身傾向と判定される子どもの割合も，小学校中学年以上の子どもで増え続けている．実際の体重は標準体重以下であるにもかかわらず，「自分は太っている」，「やせたい」と考えている子どもが，小中学生の，特に女子において存在しており（池永ほか，1993），不必要なダイエットによる健康被害が危惧される．この他，1995年度から2005年度の，主な疾病・異常の被患率の変化（文部科学省，2006）をみると，むし歯や寄生虫卵の保有といった年々減少傾向にあるものもあれば，ぜん息のように増加傾向にある疾患もある．また，鼻・副鼻腔疾患（蓄のう症，アレルギー性鼻炎等）も，10年前

表5-3 肥満傾向児，痩身傾向児の割合

(%)

	年度	年齢							
		6	7	8	9	10	11	12	13	14
肥満傾向児	1985	3.12	3.83	4.95	6.20	7.27	7.39	7.68	7.05	6.61
	1995	4.45	5.37	7.09	8.26	8.81	9.32	9.72	8.77	8.01
	2005	4.68	5.52	7.36	8.83	9.48	10.23	10.42	9.25	8.64
痩身傾向児	1985	0.43	0.47	0.68	0.91	1.42	1.48	1.84	1.71	1.83
	1995	0.68	0.78	1.57	1.86	2.37	2.60	2.92	2.79	2.40
	2005	0.73	0.79	1.67	2.49	3.05	3.48	3.99	3.36	2.96

注）性別・年齢別に身長別平均体重を求め，その平均体重の120%以上の者を肥満傾向児，平均体重の80%以下の者を痩身傾向児としている．
資料）平成17年度学校保健統計調査のデータ（文部科学省，2006）

と比べて被患率の増加が目立つ．

　肥満・痩身，あるいはぜん息やアレルギーといった問題はいずれも，食生活やその他の生活面での問題，心理面の問題，心的環境や物理的環境の問題も含めて総合的に考え，解決していく必要があるだろう．そのためにも専門家との連携が重要である．

6. 身体の発達が心理面に与える影響

　思春期での身長・体重等の急激な量的変化や性的成熟といった質的変化は，単なる身体の変化にとどまらない．これらの変化は周囲の仲間や親から今までとは異なった接し方を引き出し，自分に対するとらえ方を変える．時には性的成熟を引き起こすホルモンの変化と，受験といった社会的文脈とが絡み合い，抑うつ，否定的な感情や行動，内的混乱が生じることもある（遠藤，2000）．これらの自己否定や混乱，身体変化によって変化した自己のとらえ方に，自分なりに向き合うことは，青年期の重要な発達課題である自我同一性の確立のひとつのきっかけとなりうるだろう．しかし一方で，身体発達の加速現象によって子どもの精神面の発達が身体面の発達に追いつかず，自己否定や混乱といった不均衡な状態がより一層拡大する危険も懸念される．

2節　運動機能の発達

1. 乳幼児期の運動発達の原理

　乳幼児の運動発達の方向には，頭部から尾部へ，中心部から周辺部へ，粗大運動から微細運動へ，といった基本的原理がある（谷田貝，1992）．

　ひとつめの，頭部から尾部への発達とは，運動能力の発達はまず頭部で生じ，次第に身体の下部へ向かうということである．すなわち，首がすわり，頭を動かせるようになり，お座りやハイハイができるようになり，つかまり立ちができ，そして歩くことができるようになる．2つめの中心部から周辺部へと

は，胴体や身体の中心部（躯幹）に近接している身体が，末梢よりも前にコントロールされていることを意味する．上肢であれば，躯幹と肩を動かすことから次第に上腕，前腕，手・指と順にコントロールできるようになっていく．最後の粗大運動から微細運動への発達とは，身体全体や躯幹・四肢といった大きな筋肉の運動が先に発達し，次第に細かな筋肉を使う手や指のコントロールができるようになることを意味する．

　ウィニック（Winnick, 1979 = 小林ほか訳，1992）は運動発達における一般的な傾向として，上記の原理と類似したもの（頭部から足部，中枢から末梢，全体から部分，両側から片側，粗大から微細筋）をあげ，これらの傾向は，子どもたちの運動の順序を計画する上での見解を導くと述べている（この点については，本章の最後の項も参照のこと）．

2. 児童期，青年期の運動能力の変化

　文部科学省が1998年度の体力・運動能力調査から導入した「新体力テスト」では，基礎的運動能力が走，跳，投に分けられており，主に，50m走，持久走または20mシャトルラン（往復持久走），立ち幅とび，ソフトボール投げまたはハンドボール投げによって測定されている．基礎運動能力や体力の要素と考えられる筋力，柔軟性，敏捷性，持久力については，握力，上体起こし，長座体前屈，反復横とび，持久走または20mシャトルランによって測定されている．これらの測定項目のうち6歳から19歳で共通している項目についての，2004年度の調査データ（文部科学省，2005）を，表5-4にまとめた．

　柔軟性を測定する長座体前屈以外の項目では，いずれも男子の方が女子より成績がよい．また，ほほどの項目でも，男子は年齢とともに成績が高くなっている．一方，女子では，13歳をピークに横ばいか，低下傾向にある．

　前節で示したように，子どもたちの体格は年々向上してきている．一方運動能力については，測定項目や年齢によって若干の違いはあるが，約20年前の1985年頃と比べて低下傾向にあることが指摘されている（文部科学省，2005）．

表 5-4 年齢別の50m走，立ち幅とび，握力，上体起こし，長座体前屈，反復横とび，20mシャトルランの平均値

(かっこ内の数値は標準偏差)

測定項目	性	7歳	11歳	13歳	16歳
50m走 (秒)	男	10.76 (0.92)	8.89 (0.78)	7.94 (0.66)	7.41 (0.59)
	女	11.01 (0.85)	9.22 (0.68)	8.75 (0.69)	9.13 (1.07)
立ち幅とび (cm)	男	125.83 (18.35)	167.24 (21.49)	200.36 (23.67)	225.72 (22.71)
	女	116.37 (16.97)	154.82 (19.90)	170.72 (21.61)	167.65 (24.41)
握力 (kg)	男	11.23 (2.77)	20.31 (4.45)	30.97 (7.27)	42.29 (6.49)
	女	10.44 (2.64)	19.57 (4.20)	24.27 (4.76)	26.47 (4.66)
上体起こし (回)	男	12.92 (5.56)	21.00 (5.33)	26.93 (5.86)	30.60 (6.76)
	女	12.48 (5.17)	18.29 (4.97)	21.79 (5.32)	21.70 (6.58)
長座体前屈 (cm)	男	27.18 (7.07)	35.06 (8.05)	43.50 (9.82)	49.98 (10.57)
	女	29.63 (7.01)	38.66 (8.21)	43.76 (8.87)	46.40 (10.23)
反復横とび (点)	男	30.00 (5.48)	44.86 (6.61)	51.57 (6.57)	54.41 (7.45)
	女	28.85 (4.93)	41.21 (6.13)	45.21 (5.84)	43.88 (6.74)
20m シャトルラン (折り返し数)	男	24.18 (12.25)	59.30 (21.40)	83.63 (23.61)	87.05 (28.37)
	女	19.70 (8.43)	45.15 (16.74)	57.71 (20.48)	48.64 (21.50)

注) 2004年5月から10月 (小，中，高校生は5月から7月) に実施された．
資料) 平成16年度体力・運動能力調査データ (文部科学省, 2005)

　こうした平均値から示唆される時代的変化とは別に，体格も標準的で感覚の障害や骨格筋の機能に問題はないが，感覚と運動の協応や身体各部間の動作の協応を必要とする運動において，極度に「不器用」な子どもが存在することが以前から指摘されている（永松ほか，2004）（感覚と運動の協応や動作の協応を必要とする運動の例として，ボール投げがあげられる．この運動は，腕の動きだけをみても，投球の途中まではひじを曲げながら腕を回し，そして腕を伸ばしながらボールを手から離すという種々の動作が連動（協応）した，複雑な運動である）．このような，運動機能の特異的な障害に対しては，これまでさまざまな用語が使用されてきた．近年は，発達性協調運動障害という用語が使われるようになってきている（永松ほか，2004参照）．

黒板の文字をなかなか書き写そうとしない，椅子に姿勢良く座っていることができずにずり落ちてしまう等，やる気がないと誤解されるような行動が，この障害のために起きている場合がある．さらに，発達性協調運動障害の子どもは，文字を書いたり姿勢を保つことに非常に努力を要し，エネルギーを使い果たしていることもある（Ayres，1979＝佐藤（監訳）1982）．そのために授業内容の理解に向けるエネルギーがなくなってしまうこともあるだろう．このように，発達性協調運動障害をもつ子どもは，運動が中心となる体育だけでなく，体育以外の学習や日常生活においてもさまざまな困難を感じている．彼らは，やる気がないわけでも，わざとやっているのでもないのだ，ということを認識することが，まずは重要であろう．また，たとえば姿勢を保ちやすくなるように椅子の高さを調節するなど，環境の見直しと改善も忘れてはならない．

3. 運動と認知や自己の発達

運動というと一般にスポーツを思い浮かべるのではないだろうか．しかし，ハイハイをする，歩くといった移動行動や，ものをつかんだり，ひもを結んだりといった指先を使う作業も運動である．

移動できるということは，活動範囲が広がるということである．そして，これまでに行ったことのない所へ行き，見たことのないものに出会い，投げる，分解する等，自らの身体を使って環境に働きかける，といった経験を通して概念が形成されることは，特に幼少期では多くあるだろう（末利，1984 参照）．また，指先を使った細かい運動のコントロールや目と手の協応は，黒板の文字を書き写したり，図工などでの細かい作業をしたり，楽器を演奏したり等々と関係している．こういった点からも，運動能力は種々の学習活動において重要な能力のひとつであるといえる．

乳幼児期における，自己の身体の動きを自分でコントロールする能力の発達や移動能力の発達は，自他分化や自己コントロール感などの自己の基盤の発達や（園田，2002），生後1年目における情動の発達および状況に応じた適切な情

動制御（遠藤，2002）とも密接に関連していると考えられている．

　もちろん，たとえばゲームに勝つために作戦を立てたり，自分の限界に挑戦するといったスポーツにおけるさまざまな経験によって，思考力や自己の発達が促されることもあるだろう．

4．運動における個人差と指導

　前項で述べたように，運動はさまざまな心理的側面と関連している．ただし，運動の好き嫌いや能力には個人差があり，画一的に運動経験を増やせばよいというわけではない．

　たとえば，運動が嫌いな者は好きな者ほどには，「運動後の満足感や充実感」，「勝利感を味わったり，実力を試すなどの競争をすること」，「苦しいことをやり抜き，限界に挑戦すること」，「協調性や連帯感，友達ができるなど人間関係がよくなること」などを楽しいとは感じない（徳永・橋本，1980）．中学生は授業でのグループ活動が嫌いな理由として，「できないと他の人に迷惑をかけてしまう，劣等感を感じる，仲間に責められてしまう」といったことを挙げている（渡邊・中嶌，2006）．子どもが興味や意欲をもてるような工夫をしているか，運動が厭になるような授業をしていないか，うまくやれなかった時に劣等感や罪悪感を感じさせるような雰囲気を教師自身が作っていないか，見直すことも必要であろう．

　やればできる，できないことでも何度も繰り返し練習すればできるようになる，という指導では効果のない場合もある．尾崎ほか（2000）は，「手先が器用になるにはその前提条件として体幹がしっかりし，肩やひじの動きが滑らかでなければなりません」（p.50）と述べている．このように本節の1で示した原理を指導に取り入れるようにすることは重要であろう．

　運動能力は体育に限らずすべての学習活動において，あるいは日常生活において重要な能力のひとつである．そして適度な運動は健康に寄与する．個々の子どもに対する適切な理解に基づいた指導は，身体発達や運動能力の向上だけ

でなく，達成感の経験や自己効力感の向上につながり，子どもの心身の発達をより効果的に援助するであろう．

引用文献

Ayres, A. J.（1979）*Sensory integration and the child*. LA : Western Psychological Services.（佐藤　剛（監訳）(1982)『子どもの発達と感覚統合』協同医書出版社）

遠藤利彦（2002）「発達における情動と認知の絡み」　高橋雅延・谷口高士（編著）『感情と心理学――発達・生理・認知・社会・臨床の接点と新展開』北大路書房，pp. 2-40

遠藤由美（2000）『コンパクト新心理学ライブラリ 10　青年の心理――ゆれ動く時代を生きる』サイエンス社

池永佳司・切池信夫・岩橋多加寿・濱田亜樹子・永田利彦・池谷俊哉（1993）「小学生および中学生におけるやせ願望について」『臨床精神医学』**22**, 1455-1461

文部科学省（編）（2005）『平成 16 年度体力・運動能力調査について』
〈http://www.mext.go.jp/b_menu/houdou/17/10/05101101.htm〉

文部科学省（編）（2006）『平成 17 年度学校保健統計調査』
〈http://www.mext.go.jp/b_menu/toukei/001/h17.htm〉

永松裕希・松川南海子・大井真美子（2004）「学校の中の発達性協調運動障害について――視覚効率から見た読みの問題」『教育心理学年報』**43**, 166-175

日本性教育協会（編）（2001）『「若者の性」白書――第 5 回青少年の性行動全国調査報告』小学館

岡　隆（1992）「身体の形態と生理の発達」　橋口英俊（編）『新・児童心理学講座第 3 巻　身体と運動機能の発達』金子書房，pp. 41-80

尾崎洋一郎・草野和子・中村　敦・池田英俊（2000）『学習障害（LD）及びその周辺の子どもたち――特性に対する対応を考える』同成社

園田直子（2002）「自己の発達」　弓野憲一（編）『発達・学習の心理学』ナカニシヤ出版，pp. 47-64

末利　博（1984）『身体発達の心理学』不昧堂出版

谷田貝公昭（1992）「姿勢と運動の発達」　橋口英俊（編）『新・児童心理学講座第 3 巻　身体と運動機能の発達』金子書房，pp. 81-126

徳永幹雄・橋本公雄（1980）「体育授業の『運動の楽しさ』に関する因子分析的研究」『健康科学』**2**, 75-90

渡邊義行・中嶌康貴（2006）「中学校教科体育授業で生じる『表と裏』の現象」『岐阜大学教育学部研究報告　教育実践研究』**8**, 75-100

Winnick, J. P.（1979）*Early movement experiences and development: Habilitation and remediation*. Philadelphia : Saunders.（小林芳文・永松裕希・七木田敦・宮原資英（訳）(1992)『子どもの発達と運動教育――ムーブメント活動による発達促進と障害児の体育』大修館書店）

参考文献

小嶋秀夫・森下正康（2004）『新心理学ライブラリ3　児童心理学への招待［改訂版］―学童期の発達と生活』サイエンス社

文部科学省『各種統計情報―文部科学省』
　<http://www.mext.go.jp/b_menu/toukei/main_b8.htm>

総務省統計局・統計研修所『日本の長期統計系列』
　<http://www.stat.go.jp/data/chouki/index.htm>

和田　実・諸井克英（2002）『青年心理学への誘い―漂流する若者たち』ナカニシヤ出版

6章 知覚と記憶の発達

1節 知覚の発達

　乳児の感覚はどれほど機能しているのであろうか．脳には各知覚に対応した部位が備わっており，誕生時にはすでに働いている．脳内では側頭葉にある聴覚野，後頭葉の視覚野など各知覚に対して機能部位が準備されている．はじめは未熟であるが，各感覚は環境に適応するために学習を始める．知覚，認知の発達はそれぞれを機能させ，統合していく過程である．

1. 原始反射

　出生後，乳児はそれぞれの感覚を利用して世界に適応する一歩を踏み出す．乳児にはあらかじめ備わっている反応，行動があり，それを原始反射という．たとえば，驚いたときなどに抱きつくような仕草をするモロー反射，足の裏を刺激すると指を外側に反らせるバビンスキー反射，脇を抱えると左右に足を動かす自動歩行反射，口に触れる物を吸う吸てつ反射などがある．これら反射の多くは数週間から数ヵ月で消失し，その後は脳の発達に応じた反応がみられる．そのため，原始反射の有無と残遺によって発達の障害を知る手がかりともなる．

2. 乳幼児の知覚とその発達

　乳児の感覚はどれくらい機能し，いつから親の顔がわかるのであろうか．
　嗅覚については生後10日程度で母親の母乳の臭いを弁別でき，また，味覚についても生後数日で甘み，苦み，酸味，辛みについて大人と同様の反応をす

ることがわかっている．嗅覚，味覚は生後直後授乳などのために必要な感覚であり，比較的生後初期から成熟している．聴覚は4ヵ月程度で音源定位ができるようなり，5歳程度で大人と同様のレベルに達する（Maurer & Maurer, 1988）．

(1) 視覚

　視覚情報は網膜上に投射され，外側膝状体を経由して視覚野に投射される．複数の視覚野は形，色，運動などの情報に反応する．しかし，出生直後は焦点を合わせることや，立体視はできない．（Atkinson, 2000）．

　乳児は模様を凝視することが解っており，刺激への反応を凝視時間から調べることができる．これを「選好注視法（preferential looking method）」という．この方法で乳幼児の視覚や特定の刺激への反応を調べることができる．

　新生児の焦点は約30センチの距離にあり，視力はその距離で2.5センチ幅の格子を見分ける程度で，遠くは明確には見えない．その後，6ヵ月頃まで急速に発達する．物体の運動の弁別は2ヵ月程度，立体視に必要な両眼視は4ヵ月程度で可能となる．色の弁別は5ヵ月ほどで成人と同じになり，6ヵ月程度で遠近感がわかり，学齢期前には大人と同程度となる．（Maurer & Maurer, 1988）．

(2) 人への反応・顔の認知

　人への反応はすでに備わっている．人の音声への反応は物音よりも良く，特に母親の声に対して反応が良い．人の模倣についてメルツォフとムーア（Meltzoff & Moore, 1983）は乳児の前でいくつかの表情を見せて反応を調べた結果，乳児は大人の表情を真似た．視覚が未成熟でも乳児は生後直後より他者の表情に反応する．

　乳児は顔や複雑な情報への好みを示す．ファンツ（Fantz, 1963）は乳児の人間の顔とその他の刺激の注視時間を比較した結果，乳児は顔の刺激を好み，次

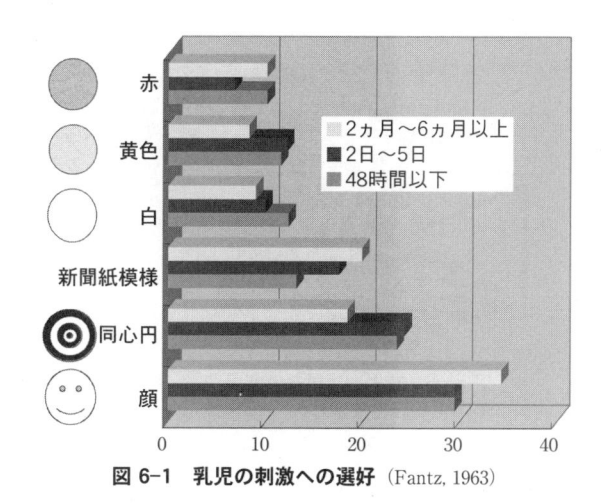

図 6-1　乳児の刺激への選好 (Fantz, 1963)

には複雑な図形を注視することを示した（図6-1）．また，早期から養育者とそれ以外の人とを弁別していることも解ってきている．生後数日の乳児に母親と母親以外の女性の顔をみせて注視時間を調べた結果は母親の顔を長時間見るというものであった（Bushnell, 2001）．顔そのものと他の特徴を含めた情報を新生児は弁別していると推測できる．近年，脳内に顔の情報を特別に処理する部位（紡錘状回）があることも解ってきている．

(3) 奥行き知覚の発達・視覚的断崖（Visual cliff）

ギブソンとウォーク（Gibson & Walk, 1960）は乳児の奥行き知覚について視覚的断崖の装置を用いて試した．図6-2のように長方形の台に同じ格子模様の床と半分からはガラス張りで見えとしては同様の模様であるが奥行きのある道具を作った．乳児は母親が床の方向から呼ぶと反応して近づいたが，ガラス面の方向から呼ぶと奥行きのある断崖の境界付近で躊躇する．乳児の奥行きの知覚は6，7ヵ月程度で可能であると考えられる．脳の発達とともにそれぞれの各感覚は発達・学習をし，統合されて目的に合わせてひとつのまとまった行動，認知を形成していく．

図 6-2　視覚的断崖

2節　記憶のシステムと種類

　私たちが自分と環境を認識・操作できるのは記憶があるからに他ならない．自分が自分であるということや行動も自分の経験と処理された情報の結果とその生かし方といえる．では，記憶とはどのように働いているのであろうか．

　記憶を情報処理の流れと考えたとき3つの過程を想定している．まず，外からの情報を「符号化」，そしてそれを「保持」して必要に応じて「検索」する．この「符号化」，「保持」，「検索」を記憶の3過程という．

　実際に項目リストを記憶し，その内容を順番に再生していくとどうなるか．結果はU字型となる．リストのはじめで成績が良く（初頭性効果），リストの終わりで再び良くなる（親近性効果）．これを系列位置効果といい，初頭性効果は処理をされ長期記憶として保持された情報，親近性効果は短期記憶内から取り出した情報と説明される．アトキンソンとシフリン（Atkinson & Shiffrin, 1971）は入力された情報が各感覚様相の感覚記憶を経て短期記憶，長期記憶へと移っていく記憶処理のモデルを示した（図6-3）．

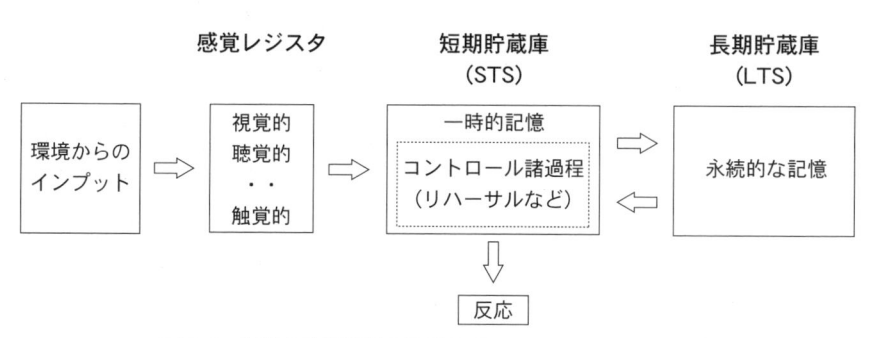

```
                感覚レジスタ      短期貯蔵庫              長期貯蔵庫
                              (STS)                  (LTS)
                   ┌─────┐   ┌──────────────┐     ┌──────────┐
  ┌─────┐          │視覚的│   │   一時的記憶  │     │          │
  │環境からの│ ⇨    │聴覚的│⇨ │┌────────────┐│ ⇨  │ 永続的な  │
  │インプット│      │ ‥  │   ││コントロール諸過程││    │  記憶    │
  │     │          │触覚的│   ││(リハーサルなど)││ ⇦  │          │
  └─────┘          └─────┘   │└────────────┘│     └──────────┘
                              └──────┬───────┘
                                     ⇩
                                   ┌───┐
                                   │反応│
                                   └───┘
```

図 6-3 記憶の情報処理のモデル（Atkinson & Shiffrin, 1971）

1. 感覚記憶

　感覚記憶は最初に情報を処理するシステムである．視覚と聴覚に対応して，アイコニック・メモリーおよびエコイック・メモリーと呼ばれる．

　アイコニック・メモリーについて，スパーリング（Sperling, 1960）は四角形の枠内に記入された9個（3×3）のアルファベットを瞬間的（50ミリ秒）に提示し，「全てを報告する」全体報告法と報告する列を3種の音で指示して音の提示時間を操作し，いずれか1列を報告する方法（部分報告法）により処理の容量と保持時間を測定した．その結果，部分報告法では提示直後にはどの列からも3つの情報が取り出され，直後にはバッファー内にほとんどの情報が保持されていることが示された．

　エコイック・メモリーは聴覚的な感覚バッファーが一時的に情報を処理する記憶である．たとえば，何かをしながら人の話を聞いていた時，しばらくの間であればそれを後に取り出すことができる．持続時間は数秒と考えられている．

　各感覚からの情報は感覚記憶内に各容量まで留まり，作業記憶・短期記憶，長期記憶へと処理，転送され，一部は減衰・忘却していく．

2. 作業記憶・短期記憶

　感覚記憶から転送された情報はその後のシステムで処理をされる．私たちが一時的に記憶内に留める容量はある程度決まっている．ミラー（Miller, 1956）は人間の短期記憶の容量は「マジカルナンバー7±2」として，おおよそ7くらいであることを示した．7つの容量とは7つのまとまり（チャンク）である．つまり，7つごとにまとめることでより多くの情報を憶えることができる．

　現在は作業記憶の概念も用いられている．バデリー（Baddeley）は2つの空間的課題を平行して行う条件と空間的課題と言語的課題を平行して行う条件（二重課題）を比較した．その結果，空間的課題を平行して行う条件の成績が低いことから処理の競合を想定した．また，類似した音韻の単語は正確な記銘が困難であること（音韻類似効果），短い音韻の単語が多く保持されること（語長効果）から作業の処理容量が重要であるとして作業記憶という概念を考えた．構成は聴覚的な音声ループ（Phonological loop）と視覚的な視知覚スケッチパッド（Visuo-Spacial sketchpad），長期記憶内の情報を処理するエピソード

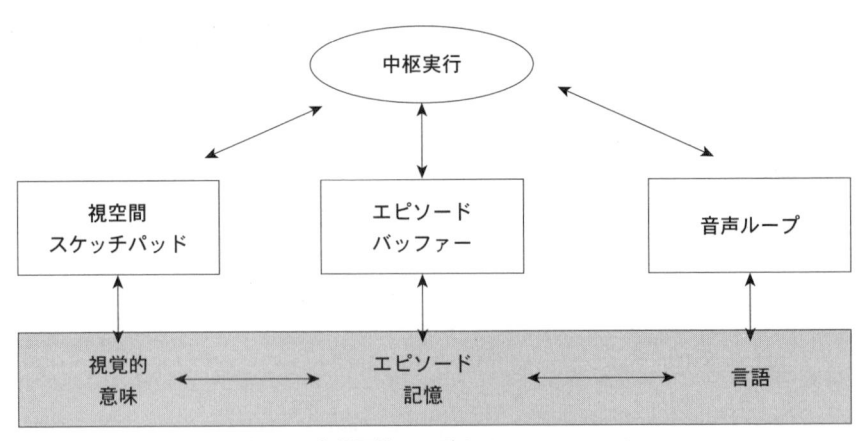

図 6-4　作業記憶のモデル（Baddeley, 2000）

バッファーとそれらを制御する実行中枢機能とからなる（Baddeley, 2000：図6-4）．

3. 長期記憶

長期記憶についてタルヴィング（Tulving, 1995）はエピソード記憶，意味記憶，手続き記憶，プライミングに分類し，また，神経心理学では長期記憶を意識や注意を必要とする顕在記憶・宣言的記憶とそれらを伴わない潜在記憶・非宣言的記憶に分けている（Sguire, 2004）．長期記憶は作業記憶・短期記憶から転送された情報を保持し，必要に応じて利用される（12章も参照のこと）．

① 顕在記憶・宣言的記憶

顕在記憶はエピソード記憶，意味記憶に分類される．エピソード記憶は経験や文脈に依存する記憶であり，「先週の月曜日に学校で先生に会った」などの記憶である．時間と場所に定位した記憶であり，意識的な想起が可能な日常的な記憶である．一方，意味記憶とは一般的な知識や事実，概念についての記憶である．「三角形の面積は底辺の長さに高さを掛けて2で割る」などの知識を示す．意味記憶は知識ネットワークを構成し，階層構造を形成している．

② 潜在記憶・非宣言的記憶

潜在記憶は手続き記憶とプライミングに分けられる．手続き記憶は楽器の演奏やコンピュータの操作のような技能などの過程の記憶である．楽器の演奏などは期間を置いても自然と思い出すものである．意識を伴わず運動やルールとして覚えている記憶である．

プライミングとは先行した刺激がその後の情報処理に影響を与える現象である．たとえば，「つくえ」という単語を含むリストを記憶させ，その後に単語完成課題（「つ○○」）をした場合，先行リストに含まれていない単語に比べてその成績が良くなる（直接プライミング）．また，「つくえ」が含まれるリストの学習後に「つくえ」と関連のある単語（「いす」）の学習が促進される現象（間接プライミング）を示す．このプライミングは比較的長期間保たれる．

3節　記憶の発達

「最初の記憶はいつ頃？」と尋ねると，多くは3歳くらいと答える．3歳以前の検索が困難なことは幼児健忘（infantile amnesia）と呼ばれている．その理由としては記憶システムの未成熟が考えられる．2, 3歳の子どもに少し前の出来事を訊けば答える．しかし，その出来事が成長後には検索困難なことは，記憶のシステムの発達に量的，質的な様相の違いがあることを示している．

1. 記銘量と処理の発達

記憶システムのなかでの発達はまずその量的側面が考えられる．子どもの記憶範囲は大人と同じではなく，発達と共に増加していくものである．

記憶を取り出す検索には覚えた事柄をそのまま思い出す再生（recall）と同じ刺激に反応する再認（recognition）の2つの方法がある．この2つの検索について，おもちゃを使って実験をすると再認では3歳児で80％以上，4歳児で90％以上が正しく反応する．再生では2歳児では平均2個，4歳では3個程度を検索できることが解っている（Myers & Perlmutter, 1978）．検索の方法による差はあるが，その量は経年的に増加する．再認は再生よりも早く発達し，生後早くからその機能が働いていることも解ってきている（Rovee-Collier, 1999）．

また，記憶材料の種類別（数，文字，単語，図形）に年齢別の記銘量を再生で測定すると，材料の違いと関係なく5歳では4個程度の再生が可能であり，5歳以降では材料の種類別で成績が異なる（Chi, 1978）．このことは5歳までは記憶容量の発達が主であり，その後は入力情報の種類の符号化に関わる処理や知識ネットワークの量的，質的発達が関係すると考えられる．

2. 記憶方略とメタ記憶の発達

(1) リハーサル（維持リハーサルと精緻化リハーサル）

何かを憶えるときの一般的な方法はリハーサルである．記憶したい事柄を意識的に口頭や心のなかで繰り返す．数やことばをただ単純に繰り返すことを維持リハーサル（maintenance rehearsal）という．また，何かと結びつけながら憶える方法を精緻化リハーサル（elaborative rehearsal）という．ただ繰返すだけでなく意味的な物事やイメージと結びつけることで保持，検索が容易となる．

(2) 処理水準と体制化

単なるリハーサルのみでなく，処理の水準も記銘量に関係している．記銘情報の処理水準を音韻的，意味的，形態的と操作して違いをみると意味的な処理を行った場合に多く検索されることが示されている（Craik & Lockhart, 1972）．知識構造の発達が記銘量に関係していることがわかる．

また，いくつかの事柄を憶えるとき，何かの基準に従って憶えることが検索を促進する．たとえば，動物，花，車の各カテゴリ項目が「うま，たんぽぽ，犬，パトカー，さくら，消防車……」と提示されたときよりも，それぞれのカテゴリごとにまとめた提示条件で記銘量は多くなる．これを体制化（organization）という．基準はカテゴリでも主観的なものでも同じである（Tulving, 1962）．

(3) メタ記憶（meta-memory）

メタ記憶とは記憶をモニターする認知である．知識の知識であり，その知識を利用して下位の知識を有効に利用し，処理することを可能にする．記憶課題を行うときに有効な方略を用いるかどうかを年齢別に確かめると，5歳で約10％，7歳で約60％，10歳で約85％がリハーサル方略を用いて課題を遂行できる（Flavell et al., 1966）．方略を意識的に利用することが記銘量を増加さ

せていくと考えられる．記憶方略を知り，有効に用いて知識を長期記憶のなかで意味的ネットワークとして構成し，利用できることが記憶の発達といえる．

3. 実行機能（Executive function）

　実行機能とは計画や見通しの立案，行動・衝動の抑制，心的柔軟性を示す．この機能はストループ課題，ハノイの塔，WCST（ウィスコンシン・カードソーティング・テスト）などで測定される．作業記憶，メタ認知，心の理論との関係が示されている．実行機能の各課題はルールを理解してプランを立て，注意を的確に変換しながら行うことが必要な課題とされる．実行機能は，WCSTでは10歳程度で大人と同じとなる（Chelune et al., 1986）．この機能は前頭葉にあり，認知，記憶の発達に関与し，認知の障害とも関係している．

4節　障害と障害をもつ子どもの記憶

　障害をもつ子どもへの教育が特殊教育から特別支援教育となり，学級担任も障害の知識と対応が求められる．ここでは教育場面で関わる機会が増える知的障害，広汎性発達障害，学習障害，ADHDについて述べる（詳細は2章を参照のこと）．

1. 知的障害をもつ子ども（Children with intellectual disabilities）

　知的障害は18歳前に始まり，測定知能が平均（100）より2SD以下の約IQ70以下の場合をいう（DSM-Ⅳ-TR, 2000）．原因には染色体配列の一部の置換えや欠損，周産期でのウィルス感染などがある．染色体に起因する障害には21番染色体が3つあるダウン症（21トリソミー），7番染色体の一部欠失によるウィリアムズ症候群などがある．同じ知的障害でも状態像は異なる．

　ダウン症の子どもは，他者への反応は豊かである．視覚的認知は比較的良好であるが，聴覚的作業記憶の量が少ないことが示されている（Purser et al.,

2005).また,21番染色体との関係から早期にアルツハイマー症に罹患することが報告されている(Stanton et al., 2004).また,ウィリアムズ症候群では視覚的認知に障害が認められ,その一方で音楽を記憶し,再現する能力や発話能力は優れている.作業記憶での視空間スケッチパッドの障害を音声ループが補償していることが示唆されている(Lenhoff et al., 1997).

2. 広汎性発達障害(PDD : Pervasive Developmental Disorder)

広汎性発達障害には知的障害をもつ自閉症ともたない高機能自閉症,幼少時にことばの問題のないアスペルガー症候群があり,特徴的な認知を示す.状態として社会性,コミュニケーション,表象機能の問題をもち,認知面で実行機能,心の理論,中枢統合性(全体を見る能力)にそれぞれ問題をもつ(Happe, 1994).並列処理は困難であり,一方向の処理が優先される子どもたちである.

PDDの子どもは,エコラリアや人の目を見ない,過度のこだわりなどの特徴を示す.エピソード記憶は優れており,知的障害をもたない場合には診断までは優秀な変わった子どもとみられている.記憶の特徴としては複雑な処理は困難であり,連合学習能力や再認が比較的良好であることが示されている(Williams et al., 2006).

3. 学習障害(LD : Learning Disabilities)

学習障害とは,読字障害,算数障害,書字表出障害を示す(DSM-IV-TR, 2000).この障害は,全体的能力から期待される発達水準に応じた各能力が低いことを示す.また,測定知能から期待される学業が全般的に低い場合もある.

機能不全の領域は心理検査(K-ABC, ITPA, WISC)で判定する.WISCで動作性知能がより高い場合には言語性学習障害,言語性知能が高い場合には非言語性学習障害と呼ばれることもある.

読字障害では脳内で音韻処理と視覚的処理との連合が機能困難な状態にある

(Chaywitz, 1996). 計算障害では数を数えること，ルールの理解，並列処理の困難が考えられる．実行機能や作業記憶などの能力の機能不全が関係していると考えられ，数の概念理解や間違いを修正できない計算技能の未熟さも関係していることも示されている．(Geary & Hoard, 2002)

4. 注意欠陥多動性障害（ADHD : Attention Deficit Hyperactivity Disorder）

落ち着きの無い子どもであり，不注意，衝動性，多動が特徴である脳の機能障害である．頻繁な忘れ物，席立ち，突発的な行動などを示す．行動の制御が難しく，一度行動が始まると他者の介入が必要であり，自己での制止が困難である．また，自閉症と合併している場合もある．さらに極端な行動に走る傾向もある．認知面では実行機能，作業記憶などの問題が関係していると考えられており（Barkly, 1997），必要に応じて医療的なケアも必要となる子ども達である．

引用文献

American Psychiatric Association (2000) *Diagnostic and Statistical Manual of Mental Disorders DSM-IV-TR*. （高橋三郎・大野　裕・染矢俊幸（訳）(2002)『DSM-IV-TR 精神疾患の診断・統計マニュアル』医学書院）

Atkinson, J. (2000) *The developing visual brain.* Oxford University press. （金沢　創・山口真美（監訳）(2005)『視覚脳が生まれる　乳児の視覚と脳科学』北大路書房）

Atkinson, R.C. & Shiffrin, R. M. (1971) The control of short-term memory. *Scientific American*, **225** (2), 82-90.

Baddeley, A.D.(2000) The episodic buffer: a new component of working memory?. *Trends in Cognitive Sciences*, **4** (11), 417-423.

Barkly, R.A.(1997) Behavioral inhibition, sustained attention, and executive functions: Constructing a unified theory of ADHD. *Psychological Bulletin*, **121**, 65-94.

Bushnell I. W. R.(2001) Mother's face recognition in newborn infants: Learning and memory. *Infant and Child Development,* **10**, 67-74.

Chelune, G. J. & Baer, R. A. (1986) Developmental norms for the Wisconsin Card Sorting Test. *Journal of Clinical and Experimental Neuropsychology*, **8**, 219-228.

Chi, M.T.H. (1978) Knowledge structures and memory development. In Siegler, R.S. (Ed.), *Children's thinking : What develops?*. Hillsdale, NJ : Erlbaum, pp. 73-96.

Craik, F. & Lockhart, R. (1972) Levels of processing : A framework for memory

research. *Journal of Verbal Learning & Verbal Behavior*, **11**, 671-684.
Fantz, R. L.(1963) Pattern vision in newborn infants. *Science*, **140**, 296-297.
Flavell, J.H., Beach, D.R. & Chinsky, J.M. (1966) Spontaneous verbal rehearsal in a memory task as a function of age. *Child Development*, **37**, 283-299.
Geary, D. C. & Hoard, M. K. (2002) Learning disabilities in basic mathmatics : Deficits in memory and cognition. In Royer, J.M. (Ed.), *Mathmatical cognition*, Greenwich, CT : Information publishing, pp. 93-115.
Gibson, E. J. & Walk, R. D. (1960) The "Visual Cliff". *Scientific American*, **202**, 64-71.
Happe, F. (1994) *Autism : an introduction to psychological theory*. UCL Press.(石坂好樹・神尾陽子・田中浩一郎・幸田有史（訳）(1997)『自閉症の心の世界—認知心理学からのアプローチ』星和書店)
Lenhoff, H.M., Wang, P.P., Greenberg, F. & Bellugi, U.(1997) William syndrome and brain. *Scientific American*, December.
Maurer, D. & Maurer, C.(1988) *The world of the newborn*. New York: Basic Books.(吉田利子（訳）(1992)『赤ちゃんには世界がどうみえるか』草思社)
Meltzoff, A.N. & Moore, M.K.(1983) Newborn infants imitate adult facial gestures. *Child Development*, **54**, 702-709.
Miller, G.A. (1956) The magical number seven plus or minus two : some limits of our capacity for processing information. *Psychological Review*, **63**, 81-87.
Myers, N.A. & Perlmutter, M.(1978) Memory in the years from two to five. In Ornstein, P.A. (Ed.), *Memory development in children*. Hillsdale, NJ : Erlbaum, pp. 191-218.
Purser, H.R.M. & Jarrold, C. (2005) Impaired verbal short-term memory in Down syndrome reflects a capacity limitation rather than atypically rapid forgetting. *Journal of Experimental Child Psychology*, **91**, 1-23.
Rovee-Collier, C.(1999) The development of memory. *Current Directions in Psychological science*, **8**(3), 80-85.
Shaywitz, S.E.(1996) Dyslexia. *Scientific American*, **275**, 98-104.
Sperling, G. (1960) The information available in brief visual presentations. *Psychological Monographs: General and Applied*, **74** (11), 1-28.
Squire, L. R. (2004) Memory systems of the brain : A brief history and current perspective. *Neurobiology of Learning and Memory*, **82**, 171-177.
Stanton, L.R. & Coetzee, R.H. (2004) Down's syndrome and dementia. *Advances in Psychiatric Treatment*, **10**, 50-58.
Tulving, E. (1962) Subjective organization in free recall of "unrelated" words. *Psychological Review*, **69** (4), 344-354.
Tulving, E.(1995) Organization of memory : Quo vadis?. Gazzaniga, M.S. (Ed.), *The cognitive neurosciences*. Cambridge, MA : MIT Press, pp. 839-847.
Williams, D. L., Goldstein, G. & Minshew, N. J. (2006) The profile of memory function in children with autism. *Neuropsychology*, **20** (1), 21-29.

7章 読み書きの発達

本章では，人間の読み書きの発達についてとりあげる．

読み書きは，私たちの学校生活や日常生活には欠かせない活動である．しかし，生まれてからをふりかえると，読むことや書くことに関して，その時々にもっていた力はずいぶん異なる．たとえば本の文章を本格的に読むことができるのは，おそらく小学校入学以降になろう．そこで本章では，乳幼児期〜青年期の各時期において，読みや書きについて一体どのようなことができるのか，また，どのような形でそれができるようになったか，という点を紹介する．このうち第1節では「読みの発達」について，第2節では「書きの発達」について取り上げ，その際には近年話題になっている軽度発達障害（本章の場合，このうち「学習障害」）についてもふれる．

1節 読みの発達

私たちは日ごろから，本，新聞，教科書やプリントなど，何かを読むことに取り組んでいる．その際，特に意識しなくても，文字や単語，あるいはそれらの読み方を頭の中から引き出し，文章中にある情報とつなぎ合わせて中身の理解をしている．こうした力は，幼少期からの経験（絵本の読み聞かせ，しりとり，子ども自身での読書）に学校での教育が加わって形成されることから，以下では，青年期までを「乳幼児期」と「児童期・青年期」に分類し，それぞれの時期における読みの発達の様相を取り上げる．

1. 乳幼児期における「読み」の発達

(1) 乳幼児期における「読み」の様相

乳幼児期には，文字，音韻などの獲得が盛んで，これらのことが，本格的に文章を読むための基礎になる．村石・天野 (1972) によると，小学校入学までにほとんどの子どもはひらがなを読むことができ，なかにはお話の絵本を一人で読める子もいるという．保護者が本の読み聞かせを行うこと，あるいは，子ども自身が何かを読んでいるのを真似することを通し，次第にこうした力を身につけるといわれている．

(2) 文字（かな文字）の習得

日本人の場合，文章を読むためにはかな文字の習得が必要不可欠である．天野 (1986) は，4歳児と5歳児を対象にして，清音・濁音（「が」・「ざ」などの音）・半濁音（「ぱ」・「ぴ」など）・撥音（「っ」など）71文字の読み，および特殊音節（「きゃ」・「きゅ」・「きょ」など）の読みに関するテストを行った．そして，男女別に，これらのうちの60～71文字を読めた幼児の割合を求めたところ，4歳では男児30.1%，女児37.4%であったのに対し，5歳では男児56.2%，女児71.5%であった．このことから，年齢が上がるにつれてかな文字の習得が進むこと，その度合は女児の方が高いことが伺える．

現在のところ，本格的に文字と言葉とを対応させることができるのは5歳頃といわれている．そのため幼稚園に行くと，本が置かれてあるだけではなく，たとえば，月，日付，曜日が書かれたカードを教室内の掲示板に貼り付け，子どもたちが，「(今日は) ○がつ　○にち　△ようび」と読めるようにするなど，さまざまな形で文字に触れることができるよう配慮がなされている．

(3) 音韻の習得

単語を習得する際には，単語を音節に分解する，単語の最初の音節をとりだして言う（音韻意識を高める），などの活動も同時に行っている．たとえば，

「くるま」という単語を覚えたとすると、これが「く/る/ま」というような音節から成り立っており、最初の文字が「く」であることも同時に理解できているのである．実際，高橋（1997）のように，音韻に関する力と文字の読みの力との関連性を指摘した研究もみられる．

こうした音韻の力は日々の言語活動（読み聞かせ，親子での会話など）で次第に身につけていくが，しりとりなどの言葉遊びによっても力が高まる．

2. 児童期・青年期における「読み」の発達
(1) 文章を理解する過程

児童期に入ると，教科書の音読や黙読をはじめ，文章を「読む」という活動に本格的に取り組むことになる．ここでは岸（2004）がとりあげた「赤ん坊が中隔欠損症であるとき，血液は肺を通して二酸化炭素を十分除去することができない．そのため血液は黒ずんでいる」という文章を例として用いる．

まず，「持つ（赤ん坊，中隔欠損症）」・「除去できない（血液，二酸化炭素）」・「黒ずむ（血液）」という形で文章をいくつかの要素（命題）に分け，要素間の関係をつかむということが起きる（「テキストの学習」という場合がある）．そして，これに引き続く形で，テキストの学習によって得られた情報にもともともっている知識（既有知識）を付け足し，文章全体のイメージを作って中身を理解する，という形をとる（「テキストからの学習」という場合がある）．こうした「テキストの学習」や「テキストからの学習」（小嶋，1996）は，学校の教科でいうと，前者は国語，後者は理科や社会などでの学習活動と関連している．これらの方法は，情報どうしの関連性から文章全体の理解を行う意味で「ボトムアップ型の文章理解過程」ということができる．それに対し，文章の構造がどのようになっているかを知識としてある程度もっておき，それを使って文章の展開を予測する，あるいは文章中の文や段落の働きをはっきりさせながら意味をとらえる方法もある．こちらは「トップダウン型の文章理解過程」と呼ぶことができる．私たちは両者をうまく使いながら文章を理解

しているのである．

(2) 文章を理解するのに必要なことがら

(1)で述べたことをふまえると，文章の中身を理解するためには，書かれた内容に関する知識，文章の構造に関する知識が必要であるが，それ以外にも，文章のなかから重要な情報や要点を把握する力が必要になる．このうち，内容に関する知識が文章理解に及ぼす影響についてみると，内田（1982）や小坂（1999）が，幼児であっても，文章の内容が自分にとって身近なものであれば中身の理解が助けられることを報告した．次に，文章中に含まれる情報の重要度合を判断する力についてみると，ブラウンとスマイリー（Brown & Smiley, 1977）やブラウンほか（Brown et al., 1983）が，大学生程度になるとこうした力が身についていると述べているが，実際には，児童期後半には文脈から文を解釈する能力や文章を理解する上で重要な情報を見つける能力が発達するともいわれている（西垣，2000）．

しかしながら，児童期や青年期前期の場合，実際には文章の中身に関する知識の量はまだ少なく，文章の中身を理解する上で既有知識を活用することが難しい場合もある．そこで，文章構造に関する知識も必要な場合があろう．実際，岸（2004）は，小学校国語科の学習指導要領における「指導目標」は文章構造についての知識を育てて理解力を高めていくことに焦点を当てられていることを指摘した．この指摘をふまえると，児童期には，子どもが文章をボトムアップ型で理解できるようなサポートと同時に，文章を理解するための枠組みを子どもたちに示すといったサポートも重要である．また，サポートばかりではなく，枠組みにあたるものを意図的に指導し，子どもたちの文章理解の力を高めることも必要になるであろう．なぜなら，こんな研究結果が出ているからである．天野・黒須（1992）は，国立教育研究所（現　国立教育政策研究所）が小学校1～6年生までの児童を対象に行った学力調査のうち，国語の読解問題の得点に着目した．そして，学年が進むにつれて読解の得点の分布が高得点化

するものの，高学年になっても低得点層の児童が一定数存在することを指摘した．また，三好 (1993) は，中学生の読書力についての調査を行い，同じ中学2年生であっても，生徒によって，読書の力が小学5年生程度～高校1年生程度とバラつきが生じることを報告した．

このような実態をふまえつつ，トップダウン型，ボトムアップ型，両方の文章理解過程を教育活動のなかにバランスよく取り入れていく必要があろう．

3.「読み」の障害

ここまで，乳幼児期から青年期に至るまでの読みの発達について解説した．1. および 2. で述べたように，年齢とともに私たちの読みの能力は発達する．しかし，天野・黒須 (1992) や三好 (1993) が報告したように，何らかの理由で読みに困難を抱える児童・生徒がいることも事実である．理由はさまざまであるが，本項では軽度発達障害(そのなかでも学習障害)によるものを紹介する．

自身の小中学生時代を振り返ると，クラスのなかに，次のような症状を抱えた同級生がいたと思う人がいるかもしれない．

・文字や行をとばして読むことが多い
・形の似た字をまちがって読んでしまう
・文章や話のだいたいの意味を読み取ることができない
・音読がうまくできない

これらは，神奈川 LD 協会 (2006) が示した，学習障害を抱えた子どもの特徴である．学習障害とは，知能には特に問題はないが，「読む・書く・話す・聞く・計算する・推論する」などのなかの特定の領域に困難を抱えた症状を指す．原因は今のところ，中枢神経系の何らかの異常といわれている．

では，先にあげた症例のうち，「形の似た字をまちがって読んでしまう」という症例をとりあげる（神奈川 LD 協会，2006）．小学校の教科書で取り扱われる『ごんぎつね』の一節であるが，ある児童（4年生）は，授業中の音読の際，次のような読み方をした．

(もともとの文章)　　「ごんはうら手につるして…」
(ある児童の読み)　　「ごんはうろ手につるして…」

　これを見ると，児童が「うら手」の「ら」を「ろ」と読んでしまったことがわかる．このような文字の読み間違えは幼児期によくみられるが，多くは6歳頃になると消滅する．しかしながら，この児童の場合，4年生になっても似た文字の処理に困難を感じていた（知能には特に問題はない）．実はこの児童，学習障害を抱えており，このような困難さを示していたのである．

　学習障害にはさまざまなものがあるが，読み書きに特異的な問題を抱えたものを失語症（ディスレクシア）ともいう（竹田ほか，2001）．失語症（ディスレクシア）には，似た文字の処理が苦手である，という症状以外にも，教科書の読む行をとばす，言葉（文節）の区切れ目がわからず，文字を一文字一文字拾って読むような方法をとる，などの症状もある．

　こうした子どもへの対処として，次のような方法が考案されている．たとえば，読みの練習の時間を設け，形がよく似た文字は違っているところを見つけさせるような方法をとる（たとえば，「うら手」と「うろ手」と書かれたカード（図7-1）を用意して児童の目の前に示し，違うところがどこかを尋ねて回答させる，など），教科書を読む時に，読む行だけが穴あきになった紙（図7-2）を

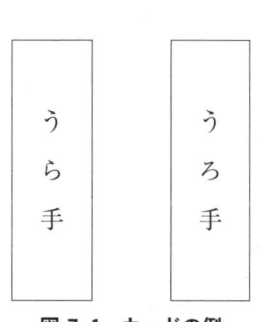

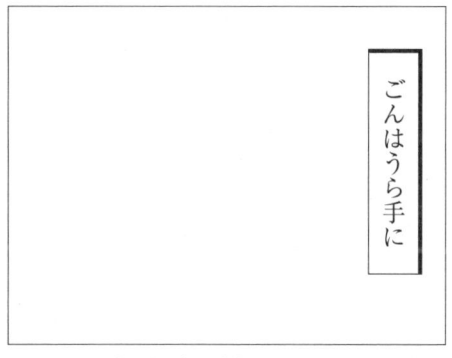

図7-1　カードの例　　　　　図7-2　読む行だけが穴あきになった紙の例

用意し，そこを読む，という訓練をして，視覚に余計な刺激が入り込まないよう配慮する，といった形である．

2節　書きの発達

「書く」ことについても読みの場合と同様，日常生活でよく経験する．板書を書き取る，日記を書く，授業課題の文章（説明文や感想文など）を書くなど，形はさまざまであるが，日常生活には欠かせないものといえる．本格的に文章を書くのは小学校入学以降であるが，その時点までに，「書く」ための準備がいろいろと行われている．そこで，2節においても，青年期までを「乳幼児期」「児童期・青年期」の2つに区分し，それぞれの時期での「書く」ことに関する様相をとらえていく．

1. 乳幼児期における「書き」の発達

この時期は，本格的に文章を書く準備にあたる活動が行われている．たとえば，生後1～2年くらい経つと，腕や指先の機能が発達してくることから，鉛筆やクレヨンで紙になぐり書きできるようになることが知られている（上田，1996）．もちろん，その中身が何であるかはわからないが，メッセージを発信していることは確かである．そして，このような経験と並行する形で，読みの活動（絵本に触れる，しりとりをする，など）で習得した文字や単語が長期記憶の形で頭の中にとどまり，今度はそれを紙に書いてみる，という活動に至る．天野（1986）は4歳児と5歳児を対象として，清音・濁音・半濁音・撥音71文字のうち，21～40文字以上書ける子どもがどの程度いるかについて検討を加えた．その結果，4歳では男児14.3%，女児27.8%であったのに，5歳では男児43.2%，女児70.1%であった．このことから，年齢の上昇に伴って文字を書けるようになり，その度合は女児の方が高いことが伺える．

2. 児童期・青年期における「書き」の発達
(1) 文章を書く過程
　小学校入学以降，学校教育を通じ，文章を書く活動に本格的に取り組み始める．日記，感想文，説明文，小論文など，ジャンルの違いはあれど，文章を書くようにはなる．

　では，文章を書く時，どんな活動が行われているのだろうか．一般的には，「書く内容を考える」「考えたことのなかから必要なことを取捨選択する」「書く」「見直しする」などの活動があるが，それぞれが独立しているわけではなく，たとえば「見直しの際にも書き足しを行う」など，活動どうしは複雑にからみあっている．ただし，同じようにこれらの活動を行っているように思っても，もう少し細かいところでは年齢による違いがみられる．たとえばスカーダマリアほか（Scardamalia et al., 1984）は，小学生と大学生の文章を書く活動を比較した．その結果，大学生の場合，書く内容を決めてそれを文章にした後，見直しの際に文章の中身が自分の意図したものであるかどうかを確認することができたのに対し，小学生の場合はそれが十分にはできないことを報告した．ただし，「〇〇を付け加えることで，このことをもっと詳しく説明できる」，「そのことをもっと簡単に言うと…」といった，文章の完成度を高める上での手がかりを与えられた場合は，小学生でも自分の文章の中身を確認できるといわれている．

　また，ベライターとスカーダマリア（Bereiter & Scardamalia, 1987）は，小学5年生，高校1年生，大人を対象に，①制限時間を設定する（2～20分），②文章の長さを制限する（6～48行），という2つの条件を設けた上で，文章を書き始めるまでの時間について検討した．そして，①時間を制限した場合は，制限時間が長くなるにつれて大人の方が書き始めまでの時間が長くなること，②文章の長さを制限した場合は，指定の行数にかかわらず，大人の方が書き始めるまでの時間が長くなることが解った．この結果をふまえ，書き始めるまでの間に何らかの構想を立てているのではないかとの指摘もなされている．

(2) 文章を書くスキルの違いによって起こることがら

「(1) 文章を書く過程」では，文章を書く活動についての発達段階における違いを説明した．しかし実際には，高校生や大学生など，青年期に入っても「うまく文章を書くことができない」という声が聞かれる．そこで，文章を書くスキルが高い人と低い人では何が違うかについて若干解説する．

グラハムほか（Graham et al., 1997）やマックーチェン（McCutchen, 1996）は，文章を書くスキルが低い人の場合，年齢にかかわらず，考えた内容を言葉や文章に直すプロセスがあまりうまく機能していないことを見出した．その他にも，文章を書くスキルの低い人の特徴が挙げられており，たとえば，①書かれた文章の字数が少ないこと（Ferrari et al., 1998），②ゴールを見据えて文章を書く活動（読み手のことを考える，読み手によって書く内容を変える，などの活動）を進める度合が低い（Zimmerman & Kitsantas, 1999），③見直し（推敲）の際，中身の内容に関連した直しを行う度合が低い（McCutchen et al., 1997）といった点が示されている．

これらの問題に対処する上では，文章を書く回数を増やして書くことに慣れる，という方法もあるが，他にも「書く内容に精通する」という方法が提唱されている（McCutchen, 2000）．このことで，文章を書く時に，他の側面（読み手のことを考える，など）にも目を向けることが可能になるという．

3. 書くことの障害

2. をふまえると，文章を書くことは，通常の発達を遂げている者にとっても困難な活動であるといえる．しかし，その前提となる，文字や単語を書くことに困難を感じている児童・生徒がいることも事実である．そこで，2節同様，学習障害（特にディスレクシア）を抱えた人が示す特徴を以下に挙げる．

小中学校に行くと，クラスの中に，次の症状に当てはまる児童・生徒がいるかもしれない（神奈川県 LD 協会, 2006）．

・わくやますの中に文字が書けずにはみ出す
・形の似た文字をまちがって書く
・鏡に映したような字を書く
・漢字のへんとつくりが逆になる
・小さく書く文字（「っ」「ゃ」「ゅ」「ょ」）の入った言葉を正しく書けない

　これらはすべて，ディスレクシアの人が抱えている困難の例である．このうち，たとえば「小さく書く文字（『っ』『ゃ』『ゅ』『ょ』）の入った言葉を正しく書けない」についてみると，「きって」という単語を「きて」と書いてしまう（「きって」と読むことはできるのにもかかわらず）例が紹介されている．また，鏡に映したような字を書くことについていえば，CATという単語の"C"の文字を左右対称に書く（図7-3），といったものが当てはまる．このような間違いは，書き言葉の獲得時期である5〜8歳頃であれば通常の子どもでもみられるが，学習障害を抱えていた場合，8歳以降になってもこうした文字を書く場合がある．

　その他，ノートをとることの難しさにふれた知見が得られている．ジョンソンとブラロック（Johnson & Blalock, 1991）は，大学生を対象とした研究を行い，ノートをとるという活動が，「聞く，理解する，主な考えを総合・抜粋する」という，必要な情報を的確に抽出し，さらにそれを文字（文章）になおす，という多くのことがらを要求される非常に難しい活動であることを指摘した．これらの活動をスムーズに行う上では，書き手自身がまず，聞いた情報を長期にわたって頭の中に保存しておく必要がある．その上で，頭の中に保存した情報を「書く」際には，文字として表すことが必要で，しかもそれを速く行うことが求められる．そのため，この時点で活動を進めることができなくなり，ノートに書くことが困難になる場合がある．また，たとえこ

図7-3　CATの"C"を左右対称に書いた例

れらの活動をこなすことができても，なじみのない言葉が耳から入ってきたため，その言葉を覚えておくことができず，結果的に話を書き取ることができない，という形で活動に困難をきたす場合もある．その他，教師がしゃべるスピードが速く，話されたことがらの処理が追いつかなかった，などの事例も示されている．

こうした問題への対策としては，たとえば，授業や講義をテープに録音しておく，という方法が紹介されている．

本章では，読み書きについて，時期による発達の様相，および読み書きの困難についての内容を取り扱った．本章でとりあげた事項はほんの一部分にすぎないが，今後教壇に立つ時に知っておく必要のあることばかりである．これらの点をふまえた上で教職に就くことが求められる．

引用文献

天野清（1986）『子どものかな文字の習得過程』　秋山書店

天野清・黒須俊夫（1992）『小学生の国語・算数の学力』　秋山書店

Bereiter, C. & Scardamalia, M. (1987) *The psychology of written composition*. Hillsdale, NJ: Lawrence Erlbaum Associates.

Brown, A.L., Day, J.D. & Jones, R.S.(1983) The development of plans for summarizing texts. *Child Development*, **54**, 968-979.

Brown, A.L. & Smiley, S.S.(1977) Rating the importance of structural units of prose passages : A problem of metacognitive development. *Child Development*, **48**, 1-8.

Ferrari, M., Bouffard, T. & Rainville, L. (1998) What makes a good writer? Differences in good and poor writers' self-regulation of writing. *Instructional Science*, **26**, 473-488.

Graham, S., Berninger, V., Abbott, R., Abbott, S. & Whitaker, D.(1997) The role of mechanics in composing of elementary school students: A new methodological approach. *Journal of Educational Psychology*, **89**, 170-182.

Johnson, D.J. & Blalock, J.W. (1987) *Adults with learning disabilities: Clinical studies*. The Psychological Corporation. （橋本敏（監訳）(1991)『学習障害児の青年・成人期』協同医書出版社）

神奈川LD協会（編）(2006)『発達と障害を考える本③　ふしぎだね!?　LD（学習障害）のおともだち』ミネルヴァ書房

岸学（2004）『説明文理解の心理学』　北大路書房

小嶋恵子（1996）「テキストからの学習」　波多野誼余夫（編）『認知心理学5　学習と発

達』東京大学出版会，pp. 181-202.
小坂圭子（1999）「リスニング能力を指標とした就学前児の文章理解：作動記憶容量と既有知識の影響」『発達心理学研究』10, 77-87
McCutchen, D.(1996) A capacity theory of writing: Working memory in composition. *Educational Psychology Review*, 8, 299-325.
McCutchen, D.(2000) Knowledge, processing, and working memory : Implication for a theory of writing. *Educational Psychologist*, 35, 13-23.
McCutchen, D., Francis, M. & Kerr, S.(1997) Revising for meaning : Effects of knowledge and strategy. *Journal of Educational Psychology*, 89, 667-676.
三好公代（1993）「中学生の読書力に関する若干の研究（1）—1．中・小規模校の実態調査を中心とした報告—」『ノートルダム清心女子大学紀要　国語・国文学編』17, 23-31
村石昭三・天野清（1972）『幼児の読み書き能力』東京書籍
西垣順子（2000）「児童期における文章の非一貫性の検出—包括的エラーと局所的エラーについて—」『教育心理学研究』48, 275-283
Scardamalia, M., Bereiter, C. & Steinbach, R.(1984) Teachability of reflective processes in written composition. *Cognitive Science*, 8, 173-190.
高橋登（1997）「幼児のことば遊びの発達："しりとり"を可能にする条件の分析」『発達心理学研究』8, 42-52
竹田契一・里美恵子・西岡有香（1997）『図説　LDの言語・コミュニケーション障害の理解と指導』日本文化科学社
内田伸子（1982）「子どもはいかに物語を創るか？」『教育心理学研究』30, 211-222
上田礼子（1996）『生涯人間発達学』三輪書店
Zimmerman, B.J. & Kitsantas, A.(1999) Acquiring writing revision skill : Shifting from process to outcome self-regulatory goals. *Journal of Educational Psychology*, 91, 241-250.

8章 思考と知能の発達

1節 思考の種類とその発達

1. 思考の種類

　私たちが日常生活において考えたり思ったりすることを思考という．

　思考の種類の主要なものとして帰納的推理と演繹的推理をとりあげる．

　帰納的推理とは，個々の事例から，それらの共通点を抽出し，一般的な前提を導くことである．たとえば，「ネコのタマはニャーと鳴く」「ネコのトラはニャーと鳴く」，したがって「ネコはニャーと鳴く」と結論することである．また，帰納的推理のひとつとしてアナロジーがある．

　アナロジーとは，2つの概念間の関係を推理することである．「○：●→☆：？」は典型的なアナロジーである．「○：●」の関係は同形で色違いという関係であるので，この関係を「☆：？」に適用すると「☆：★」となる．

　演繹的推理とは，一般的な前提から個々の事例について推理することである．たとえば，「すべてのネコはニャーと鳴く」という一般的な前提のもと，「タマはネコである．」したがって「タマはニャーと鳴く」と結論することである．このようなプロセスを三段論法という．三段論法には，定言三段論法や条件三段論法などいくつかの種類がある．

　定言三段論法とは，2つの前提命題が無条件に断定的なものである．前述した「すべてのネコはニャーと鳴く．タマはネコである．したがって，タマはニャーと鳴く」は定言三段論法である．

　条件三段論法は，前提に「～ならば，….」という条件が含まれているものである．「雨が降れば試合は延期する」という条件つき前提条件のもと，「雨が

降った」したがって「試合は延期である」という推論を条件三段論法という．

2. 思考の発達

　思考の発達について，ピアジェの認知発達理論とシーグラーの発達理論について紹介する（4章も参照のこと）．

(1) ピアジェの認知発達理論

　ここではピアジェ（Piaget）の各認知発達段階における思考の特徴に焦点を当てる．彼の理論では，感覚運動期（0から2歳），前操作期（2から6歳），具体的操作期（6から12歳），形式的操作期（12歳以降）の4つの発達段階が設定されている．

　感覚運動期の特徴は，身体感覚を用いて外界を認識していることである．自分の手足を動かしたり，物体を触ったり，投げたりして外界を理解していくのである．この過程をピアジェは循環反応と呼んだ．はじめに子どもは，自分自身の身体について循環反応を行う．たとえば，子どもが偶然指を口に入れた経験をすると，次からは指を口に入れることを目的とした行動を意図的に行うようになる．これを第一次循環反応という．次に，行動の対象が外界に向かう第二次循環反応が生じる．たとえば，偶然ガラガラを振ったら音がした経験をすると，音を鳴らすためにガラガラを振るようになる．つまり，自分の行為によって外界に変化が生じることを理解するのである．次に，ある目的を達成するために，第二次循環反応を組み合わせる第二次循環反応の協応の段階を経て，自分の外界に対する行為を変化させて外界へ与える効果を変化させる第三次循環反応の段階へと至る．これは，太鼓を弱くたたくと小さい音がするが，強くたたくと大きい音がするというような，いわゆる探索的な行動を乳児がすることである．感覚運動期のおわりまでには，子どもは対象の永続性を獲得する．これは，対象が目の前に存在していなくても，存在しているという確信のことである．この獲得によって子どもは身体感覚を用いなくても表象によって思考

ができるようになる．

　前操作期の特徴は，自己中心性である．自己中心性とは，自分自身の視点からのみの思考で，他者の視点からの思考ができないということである．ピアジェはこのことを3つ山問題（図8-1）を使って示した．図8-1に示したよう3つの山の模型を，子どもにはAの位置から見せ，Cの方向からはどのように見えるか尋ねると，子どもはA，つまり自分の視点からの見え方をすると答えるのである．また，論理的な思考が不十分で，知覚的な特徴に強く規定された思考もこの時期の特徴である．液量の保存課題（図8-2）では，同じ形で同じ大きさのコップA，Bに同量の水を入れたものをみせ，Bのコップの水を長細いCのコップに子どもの目の前で移し変える．そして，AとCのコップの液量の比較をさせると，子どもはCのコップのほうが多いと答える．これは，水面の高さという知覚的特徴に判断が支配されてしまうためである．

　具体的操作期の特徴は，具体的な事物について論理的な思考が可能になることである．液量の保存については，同じものを移しただけだからAとCは同じ量であるということが理解される．つまり，何も加えても取ってもいない

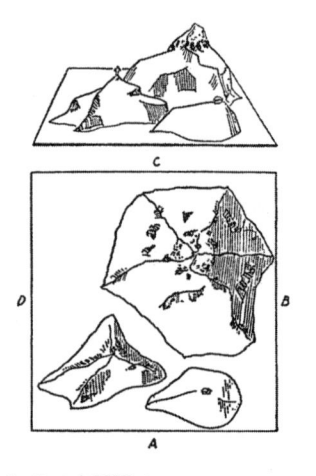

図 8-1　3つ山問題（Piaget & Inhelder, 1956）　　**図 8-2　液量の保存課題**

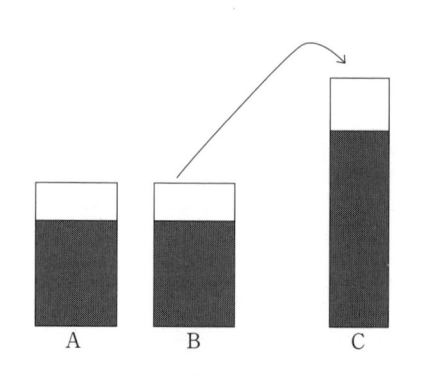

(同一性),元に戻せば同じ(可逆性),水面は高くなったが底面積は小さくなった(補償性),というように論理的に考えることができるようになるのである.また,3つ山問題で,自分とは反対のCからの見え方も理解できるようになり,思考する視点が自分に中心化されなくなる.このことを思考の脱中心化という.しかし,具体的操作期における論理的な思考は,具体的な事物に限られている.

形式操作期には,具体的な事物だけではなく,抽象的な次元での論理的思考が可能になる.たとえば,中学校の数学で学習する負の数は,具体的には存在しない抽象的な数であるように,思考の発達は学校での強化とも関連している.

(2) シーグラーの発達理論

シーグラー(Siegler)は,情報処理の観点から思考の発達を考えていることが特徴である.子どもの思考は規則に支配されていることを指摘している.思考におけるルールの使用について,「つりあいばかり」課題(図8-3)を行った.

この課題は,つりあいばかりの両方におもりがかけられたとき,どちら側が下がるかを判断する課題である.この判断のときに使用される規則は,「おもりの数が多いほうが下がる」「おもりの数が同じときには,中心からの距離が大きいほうが下がる」「おもりの数と中心からの距離を考慮に入れるが,片側はおもりの数が多く,他方は距離が大きいときには混乱する」「おもりの数と中心からの距離を掛け合わせたトルクを計算して,トルクの値が大きいほうが下がる」という順番で発達することが明らかになっている.さらに,この規則

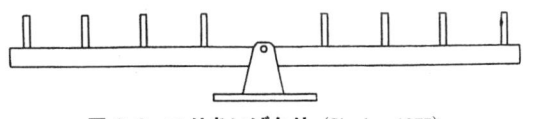

図 8-3 つりあいばかり (Siegler, 1975)

の発達には子どもの符号化の発達が関連している．このような思考の発達研究をルール評価アプローチという．

3. 思考の発達の規定因

思考の発達理論について紹介したが，このような発達の規定因とはどのようなものだろうか．

ゴスワミ（Goswami, 2002；1998）によると，思考の発達を規定するものは，処理容量などの一般的な認知能力と，思考の対象となる領域についての知識である．彼女は，帰納的推理と演繹的推理の発達について，推理の対象となる事柄についての知識や経験が十分にあれば，幼い子どもであっても正しく推理できることを示している（Goswami, 2002）．

さらに，シーグラーは，思考の対象となる事物の因果的な知識をもっていると，より正確な思考が可能であると考えている（Siegler, 2006）．

以上から，思考の発達には，思考の対象となる領域についての知識が重要な要因となる．

2節　知能のとらえ方と発達

1. 知能とは何か？

私たちは，日常会話において「あの人は知能が高い」などということがある．この場合，「知能が高い」とは「頭が良い」という意味で使われることが多い．このことから，私たちは日常的な感覚において知能とは頭の良さと関連するものだととらえていると考えることができる．それでは，頭が良いとはどのようなことなのだろうか．学校でのテストでよい点が取れることが頭が良い，知能が高いということなのだろうか．

心理学では，知能の定義は，①知能は抽象的な思考をする能力であるとする定義と，②知能は環境に適応する能力であるとする定義に大別される．

知能テストの創始者であるビネー（Binet）は，①知能は抽象的な思考をする能力であるとする立場である．

一方，②知能は環境に適応する能力であるとする定義に立つウェクスラー（Wechsler）は，「知能とは，個人が目的的に行動し，合理的に思考し，能率的に環境を処理する個人の総合的・全体的能力」と考えている．さらに，この立場に立つスタンバーグ（Sternberg, 1998；1996）は，知能を「環境に適応的に順応する能力」と定義している．

スタンバーグは，分析的知能，創造的知能，実践的知能の3種類の能力があると考えている．分析的知能は，問題を適切にとらえる能力である．創造的知能は，解決方法を生み出す能力である．実践的知能は，解決方法を実践する能力である．私たちが適応的に生きていくためにはこれらすべての能力が必要である．スタンバーグは，学校での成績は分析的知能に焦点が当てられているが，創造的知能，実践的知能にも同様に焦点を当てる必要があると指摘している．

以上のように，知能とは学校での成績だけではなく，より広くとらえられていることがわかる．現在では，より知能を広くとらえている，②知能は環境に適応する能力である，とする考え方が広く受け入れられている．つまり，頭が良いということは，環境により良く適応できることであると考えることができる．

また，知能を知能検査で測定される能力だとする操作的定義も，ボーリング（Boring）によって提唱されている．

2. 知能の構造

知能の構造には次の2つの考え方がある．①すべての知的機能に共通して働く一般因子（g因子）が存在するというとらえ方と，②一般因子を仮定しないとらえ方である．

①のとらえ方の代表的なものにはスピアマン（Spearman）の2因子説，ヴァーノン（Vernon）の階層因子説がある．

スピアマンの2因子説は，知的活動全般に共通して働く一般因子と個々の知的活動に個別的に働く特殊因子（s因子）の存在を仮定するものである．

ヴァーノンの階層因子説は，一般因子と多数の特殊因子を階層構造によってとらえようとするものである．一般因子をもっとも高次なものとし，そのもとに言語的因子と空間的因子の特殊因子が存在し，さらにそれぞれが下位因子を含むと考えている（図8-4）．

②のとらえ方の代表的なものには，サーストン（Thurstone）の多因子説（図8-5）とギルフォード（Guilford）の知能の立体モデル（図8-6）がある．

サーストンは，基本的知能因子として，空間（S），知覚（P），数（N），記憶（M），言語（V），語の流暢性（W），推理（帰納推理など，図ではR）の7つを見出した．そして，行う知的活動の特徴に応じて必要な因子が働くと考えている．

ギルフォードは知能の構造として，内容，所産，操作の3次元をもった立体モデルを仮定し，120個の知能因子を仮定した．内容とは知的活動を行う対象の性質であり，所産とは知的活動の結果の特徴，操作とは知的活動そのものの性質のことである．そして，行う知的活動に応じて120個の知的因子のなかから適切な知能因子が働くと考えている．

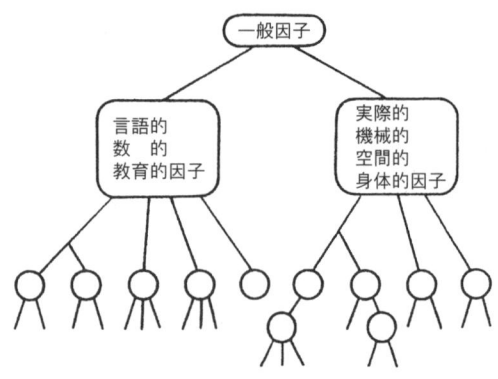

図8-4　知能の階層因子説 (Vernon, 1961)

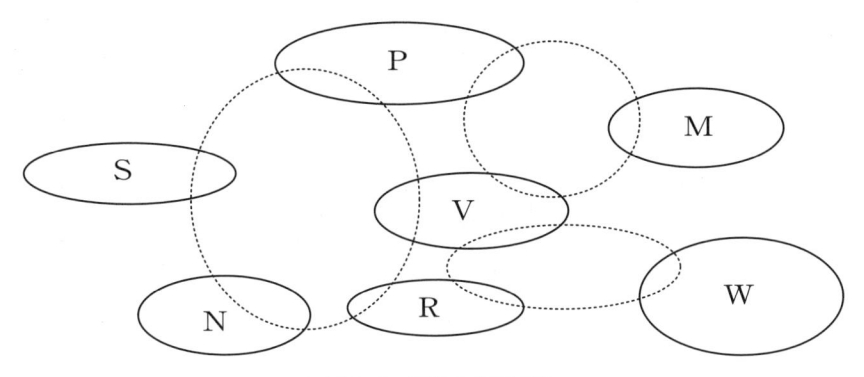

図 8-5 知能の多因子説

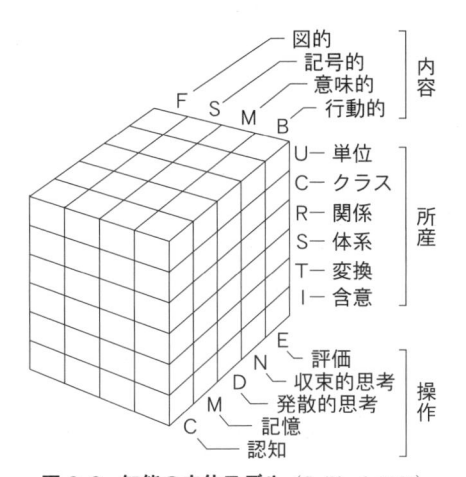

図 8-6 知能の立体モデル (Guilford, 1967)

3. 知能の測定

　知能を測定する意義は2つある．1つは個人の知的発達指標としての利用であり，もう1つは個人の認知的構造の理解である．

　知能の測定には，通常知能テストが使用される．ここでは，代表的な知能テストであるビネー式知能テストとウェクスラー式知能テストについて紹介する．

ビネー式知能テストは，2歳児から成人を適用年齢としている．問題が易から難の順に並べられている．問題は年齢尺度1歳級から用意されている．被験者の生活年齢（実年齢）と等しい年齢級の問題から開始し，1問も正解できない年齢級の問題まで行う．どの年齢級までどの程度正解できたかによって精神年齢を算定する．生活年齢と精神年齢によって知能指数を算出する．知能指数とは，知能の発達指標である．知能指数の算出式は，以下の通りである．

$$知能指数（IQ）= \frac{精神年齢（MA）}{生活年齢（CA）} \times 100$$

生活年齢8歳の子どもの精神年齢が8歳のとき，知能指数は100となり，実年齢相応の知能指数は100となる．

ウェクスラー式知能検査は，対象となる年齢によっていくつかの種類がある．幼児を対象とするものはWPPSI，子ども用はWISC-Ⅲ，成人用はWAIS-Rという．ビネー式知能検査は，知能一般を測定するものであったが，ウェクスラー式知能検査は，知能を多面的に測定する特徴がある．この検査は，いくつかの下位検査から構成されており（表8-1），言語性IQ，動作性IQ，全検査IQを算出することができる．言語性知能を測定する下位検査は，知識，類似，算数，単語，理解，数唱であり，動作性知能に関する下位検査は，絵画完成，符号，絵画配列，積木模様，組合せ，記号探し，迷路である．言語性知能，動作性知能の枠組みから，個人の知能構造を明らかにすることができることも特徴である．また，知能指数の算出方法もビネー式とは異なっており，以下の式によって100を基準とする一種の偏差値として計算される．

$$偏差 IQ = \frac{X_i - \overline{X}}{SD} \times 15 + 100$$

X_i：個人の得点　　$\overline{X}$：集団全体の平均点　　SD：標準偏差

4. 知能の発達

生涯発達の観点から，知能の発達について述べる．

表 8-1　WISC-Ⅲの下位検査の概略（日本WISC-Ⅲ刊行委員会，1998）

	下位検査	説　明
1	絵画完成	絵カードを見せ，その絵の中で欠けている重要な部分を指さしか言葉で答えさせる．
2	知　識	日常的な事柄や場所，歴史上の人物等，一般的な知識に関する質問をしてそれに言葉で答えさせる．
3	符　号	幾何図形（符号A）または数字（符号B）と対になっている簡単な記号を書き写させる．子どもは，見本を手掛かりに，問題の幾何図形の中（符号A）または数字の下（符号B）にそれぞれに対応する記号を書く．
4	類　似	共通のもの，あるいは共通の概念を持つ2つの言葉（刺激語）を口頭で提示し，それらのものや概念がどのように類似しているか答えさせる．
5	絵画配列	短い物語を描いた何枚かの絵カードを決められた順序に並べて見せ，物語の意味が通るように並べかえさせる．
6	算　数	算数の問題を口頭で提示する．子どもは紙や鉛筆を使わず暗算で答え．
7	積木模様	モデルとなる模様（実物またはカード）を提示し，同じ模様を決められた数の積木を用いて作らせる．
8	単　語	単語（刺激語）を口頭で提示しその意味を答えさせる．
9	組合せ	ピースを特定の配列で提示し，それを組合せて，具体物の形を完成させ．
10	理　解	日常的な問題の解決と社会的なルールなどについての理解に関する一連の質問をして，それに口頭で答えさせる．
11	記号探し	左側の刺激記号が右側の記号グループの中にあるかどうかを判断させ，回答欄に○をつけさせる．
12	数　唱	検査者が決められた数字（数系列）を読んで聞かせ，それと同じ順番で（順唱），あるいは逆の順番で（逆唱）その数字を言わせる．
13	迷　路	迷路問題を解かせる．子どもは迷路の中央にある人の印から始めて，袋小路に入ったり，壁を突き抜けたりしないようにして，出口まで鉛筆で線を引いていく．

　一般的に，加齢に伴って知的能力は低下すると考えられているが，必ずしもそうではないことが明らかにされている．

　キャッテル（Cattell）は知能を，結晶性知能と流動性知能の2種類に分類している．結晶性知能とは，経験や獲得してきた知識の豊かさに関連した知的能

図8-7 知能の加齢に伴う発達パターン (中里, 1984)

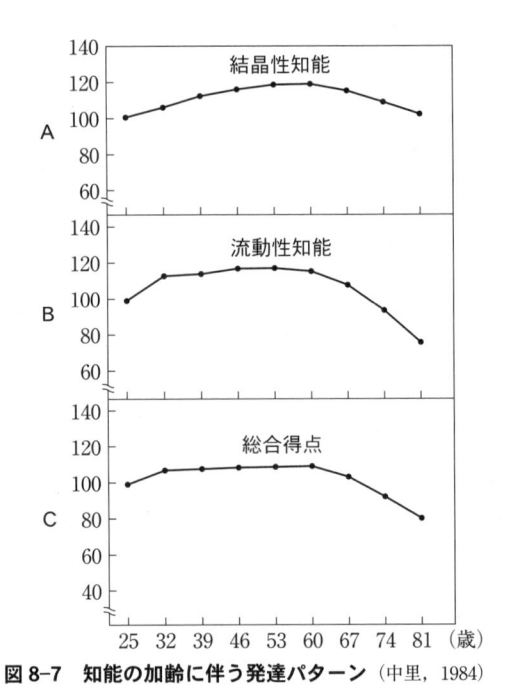

力であり，流動性知能とは新しい知識を獲得したり，計算などの心的作業のスピードに関連する知的能力である．この2つの知能の加齢に伴う発達パターンを図8-7に示した．

　知能全般を示す総合得点と流動性知能は60歳ごろを境に低下しているが，結晶性知能はそのような低下はみられず維持されている．

3節　思考と知能の障害

　思考と知能の障害として，知的障害と学習障害について紹介する（2章や6章も参照のこと）．

1. 知的障害

　知的障害とは，年齢相応の知的能力がなく社会的自立の上で支援を必要とする状態を指す．知的障害はその程度により，重度知的障害（IQ25ないし20以下），中度知的障害（IQ20ないし25から50程度），軽度知的障害（IQ50から75程度）に分けられる．

2. 学習障害

　学習障害（Learning Disabilities：LD）は，知的障害ではないが学習にいちじるしい困難を生じる障害である．LDの診断の基準は，①全般的認知能力は平均的である，②学習に困難がある，③背景として中枢神経系の機能障害が想定されることの3つであり，読み，書き，計算などの一部だけができないという学力にいちじるしい偏りがあることが特徴である．

　また，言語性LDと非言語性LDの2つのタイプに分けることができる．言語性LDとは，話しことば，書きことばや算数の学習に困難を生じるものである．非言語性LDとは，空間認知の障害，協応運動の障害，社会的知覚の障害をもつものであり，不器用な子どもが多く，整理整頓が悪い，場所の理解が困難，忘れ物が多いなど，日常生活において影響を受けることが多い．

　LDの診断には，知能テストが利用されるが，なかでもウェクスラー式知能検査やK-ABC心理・教育アセスメントバッテリーが用いられている．K-ABC心理・教育アセスメントバッテリーは，幼児・児童の知能と習得度を個別に測定し，知能の特性を継時処理，同時処理のモデルから明らかにして指導に役立てることを目的としている．継時処理とは情報を入ってくる順番に次々と処理するものであり，同時処理とは一時的に情報をまとめて処理するものである．子どもの得意な処理様式を発見することにより，それを活用した指導を行うことが効果的である．

引用文献

Goswami, U.（1998）*Cognition in children.* Hove, UK：Psychology Press．（岩男卓実ら（訳）（2003）『子どもの認知発達』新曜社）

Goswami, U.（2002）*Blackwell handbook of childhood cognitive development.* Oxford：Blackwell Publishing.

Guilford, J. P.（1967）*The nature of intelligence.* New York: McGraw-Hill.

松原達哉（編著）（1995）『最新心理テスト法入門―基礎知識と技法習得のために』日本文化科学社

無藤隆・高橋恵子・田島信元（編）（1990）『発達心理学入門―青年・成人・老人』東京大学出版会

日本版WISC-Ⅲ刊行委員会（訳編）（1998）『日本版WISC-Ⅲ知能検査法（1）理論編』日本文化科学社

日本LD学会（森永良子・中根晃）（編）（1997）『わかるLDシリーズ2　LDの見分け方―診断とアセスメント』　日本文化科学社

シーグラー, R. S.（著），無藤隆ら（訳）（1992）『子どもの思考』誠信書房

Siegler R. S., DeLoache, J. S. & Eisenberg, N.（2006）*How children develop*, second edition. New York: Worth Publishers.

Sternberg, R. J.（1996）Successful intelligence：How practical and creative intelligence determine success in life, Simon & Schuster.（小此木啓吾ら（訳）（1998）『知脳革命　サクセスフル・インテリジェンス』潮出版社）

9章 パーソナリティと情動の発達

1節 パーソナリティとは何か

　パーソナリティとは,「ある人を特徴づけている一定の行動様式で,持続性とまとまりを持ったもの」を意味する(詫摩, 1967).なお,「パーソナリティ」(personality)は「人格」と訳されることがあり,その他に近い言葉として「性格」(キャラクター: character)がある.パーソナリティは,そもそもペルソナというラテン語が語源であり,この言葉はもともと演劇に用いられる「仮面」を意味していたが,やがて劇中の役割や,それを演ずる役者自身を示すようになり,ある特徴をもった人という意味をもつようになった.一方キャラクターは「刻み込まれた」というギリシア語が語源といわれている.この語源から,性格とは人が生まれつき(生得的)にもっている傾向のことを元来示していたと考えられる.また,生後ある程度の期間持続する行動の個人差のことを指して「気質」という言葉を用いる場合がある.本章ではこれらを特に区別せず,一括してパーソナリティという言葉を用いることとする.

2節 パーソナリティをどうとらえるか

1. 類型論

　これまでパーソナリティをどうとらえるかについて,代表的なとらえ方としては,類型論と特性論の2つがある.まず類型論とは,人間のパーソナリティをいくつかの典型例に分類して判断するものである.類型論の古典的研究として,クレッチマー(Kretschmer)の類型論がある.精神科医であったクレッチ

マーは，統合失調症と躁うつ病患者の体型に一定の特徴があり，それぞれに対応した性格特徴がみられることを主張した（Kretschmer, 1955）．すなわち，統合失調症患者には，筋肉や骨格の発達が十分でなく，やせて細長い体型が多く，パーソナリティの特徴として分裂気質を指摘している．また，躁うつ病患者には，全体として丸く太った印象を与える肥満型が多く，パーソナリティの特徴として循環気質を指摘している．さらにクレッチマーは，てんかん患者には筋肉も骨格もよく発達し，全体的にがっちりとした闘士型や細長型が多くみられるとし，粘着気質を見出した．各気質をみていくと，分裂気質は非社交的，敏感，無関心といった特徴，循環気質は，社交的，明朗，柔和などの特徴，粘着気質は，几帳面，固執的，爆発性というような特徴が指摘されている．

　このような類型論は，人間のパーソナリティをある典型例に当てはめて判断すれば良いので，判断する者にとって直観的にわかりやすいという利点があり，一般的に親しみやすい考え方であるといえるだろう．しかし，実際は人それぞれに非常に多様であるはずのパーソナリティを，ごくおおまかなタイプに分類してしまうため，あるタイプとあるタイプの中間に位置するものや，分類の枠組みに含まれない個人差が無視されてしまうこと，さらにパーソナリティの発達の視点が含まれていない等の問題点が挙げられる．

2. 特性論

　類型論に対して，特性論はパーソナリティをいくつかの基本的単位（＝特性）から構成されているものとしてとらえる．そしてこの基本的単位の，それぞれの程度を計測し，全体の組み合わせから性格を判断しようとする考え方である．特性論として近年もっとも注目を集めている研究として，「ビッグ・ファイブ」と呼ばれるパーソナリティの5因子構造を扱う研究がある．この研究は，日常生活で用いられるパーソナリティを表現する言葉を調べることで，パーソナリティを構成する5種類の基本的特性を見出そうとするものである．ゴ

ールドバーグ（Goldberg, 1981）によれば，この5因子とは，神経症的傾向，外向性，開放性，同調性，誠実性とされている．

このような特性論については，人間のパーソナリティを量的，分析的にとらえられるというメリットはあるが，パーソナリティの全体像がみえにくく，断片的なとらえ方になるという問題が指摘されている．また，特性論の研究の多くは，研究者が質問項目を集め，パーソナリティ尺度（自己記入式の質問紙）を作成し，被験者に回答してもらったデータをもとにしている．そのため，これらの研究結果は，あくまで「研究者があらかじめ設定した質問項目」について「本人が意識して自分自身を評定した」ものをパーソナリティとして扱っていることになる．このことから，類型論も同様であるが，どのような枠組み，視点からとらえられたパーソナリティであるのか，また，特に子どもが対象である場合，誰がどのような場面のデータをもとに評定，判断を下したパーソナリティ像なのかということについて，注意してみる必要がある．

3. 精神分析のとらえ方

類型論や特性論とは別に，ヨーロッパでは伝統的にパーソナリティを層的にもしくは構造的にとらえる考えが存在していた．この考え方につながるものとして，フロイト（Freud, 1923）の精神分析的な構造論がある（図9-1）．フロイトは人間の心は，エス（あるいはイドと呼ぶ），自我，超自我という3つの場から成り立っていると仮定している．エスは食欲や性欲といった本能からくる衝動が支配する場であり，一方で自我から抑圧され無意識となる（意識できない）心の部分である．超自我は，幼児期からの養育者等からのしつけや価値基準が取り入れられ内面化された場で，規範，道徳，倫理意識に基づき，無意識からの衝動を監視し検閲する役割をもつ．自我は，エスからくる衝動や超自我からくる圧力を調整し，現実社会へ適合するように自分の行動を方向づけする機能をもつ．このように，3つの力がダイナミックにせめぎ合いながらパーソナリティが維持されていること，人間の心にコントロールすることができない

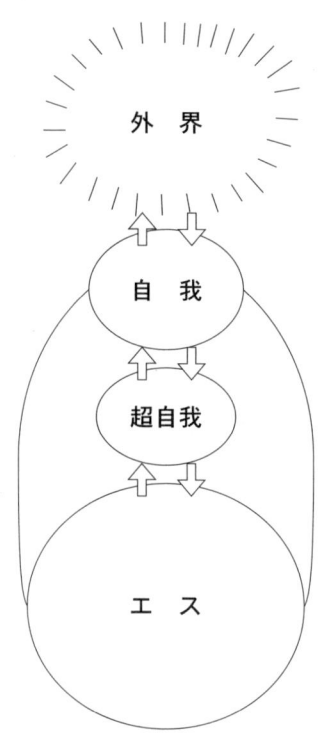

図9-1　**フロイトの構造論**（フロイト，1923より菊島が作成）

部分があるという，無意識の領域を認め重視したこと，また3つの役割は人間に共通のものと仮定したうえで，それぞれの内容・強さ・はたらき方は人それぞれ全くユニークなものであるとしたところにフロイトの独創性が表れており，その後の人間観に多大な影響を及ぼした．一方でこのフロイトのモデルは，いわゆる科学的な実証が十分でない点等，これまで多くの批判を受けているが，エス，自我，超自我という3つの場のダイナミックな関係と「あえて仮定する」という視点から，人間のパーソナリティをとらえることが，特にパーソナリティの病理性を検討する必要のある心理療法を行う上で有用な場合が多いことも認められている（4章や11章を参照のこと）．

3節　パーソナリティの発達

1. パーソナリティ発達の考え方

　私たちのパーソナリティのいろいろな特徴は，生まれつきもっていたもので，変わらないものなのだろうか．もしそうでないとすれば，私たちのパーソナリティは何によってできあがったものなのだろうか．パーソナリティの発達において，生活環境と生まれもった特徴との関係について，現在もっとも受け入れられている考え方として「相乗的相互作用」(三宅, 1990)の考え方がある．これは，もともと人間は遺伝的に規定された傾向を有している，すなわち生まれもっての何らかのパーソナリティに関する傾向を有していることは確かである．しかし一方で，国，地域等どのような文化のコミュニティのなかで生活し，養育者にどのように育てられたのか，また学校等の社会的場面でどのような体験を重ねていくかなど，環境の要因からもパーソナリティは大きな影響を受けることになる．このような，遺伝的な要因と環境的な要因との間で絶えず相互作用が生じることで，個人のパーソナリティは変化しつつ形成されていくのである．このことから，先に挙げた疑問に答えるならば，私たちのパーソナリティは生まれもっての傾向と環境での経験とがミックスされて形成されてきたものであり，また，今現在もさまざまな要因が相互作用することにより変化し続けているといえるだろう．

2. パーソナリティの発達と支援

　先に述べたように学校は，児童・生徒のパーソナリティ形成に大きな影響を及ぼす主要な環境のひとつである．そのため，学校場面における児童・生徒の心理的健康に対する支援は重要な取り組みであるといえる．ここでは，スクール・カウンセリングについての新たなアプローチとその背景にある考え方を紹介する．

　ある個人のパーソナリティを誰が判断するのかという問題をふまえると，パ

ーソナリティとは，本人と周囲の人間との間で認識され共有されたその人をあらわす何かであるといえるだろう．その点に関して，人間の精神的な病理を対人関係の視点から解き明かそうとした精神科医のサリバン（Sullivan, 1940）は，パーソナリティを，繰り返され，比較的永続する対人関係状況であるとし，「自分の精神的健康すなわち対人的適応の成功の状態をめざして進む強い傾向をもつ」としている．すなわち，パーソナリティを固定された静的なものととらえるだけではなく，本人と周囲の人間との人間関係を通じて築き上げられる側面があるということである．

このような考え方をさらに進めているのが，構成主義と呼ばれる考え方である．構成主義とは，この世界について私たちが「現実」としていることはすべて，それについての経験であり，その認識の仕方であるとする立場である．たとえば，教室で騒いでいる生徒を見て，ある教師は「粗暴なパーソナリティ」と判断するかもしれないし，また他の教師は「活動的なパーソナリティ」の生徒だと思うかもしれない．どちらの見方も，その教師にとっては「現実」となりうる．そして，「あの子は粗暴なパーソナリティの持ち主だ」という認識がいったん他の人々にも広まると，その認識が正しいとか間違っているとかにかかわらず，いつの間にか「現実」となって周囲に認められてしまうのである．この構成主義をもとに作られた心理療法を「ブリーフセラピー」というが，デュラン（Durrant, 1995）は，学校現場で問題を抱えている生徒へのスクール・カウンセリングにこれを応用している．具体的には，知らず知らずのうちにできあがっている生徒本人と周囲の人々との間に固定化された問題のあるパターンを，より適応的なものへと変化させようとするものであり，たとえば本人，親や教師の問題のとらえ方を変換（リフレーミング）することを促すといった，独創的なアプローチを開発している．

マクアダムズ（McAdams, 1989）は，人は自分の人生を了解し納得して生きるために，自分自身についてのライフ・ストーリー（人生物語）を作り上げていることを指摘している．マクアダムズによれば，ライフ・ストーリーという

ものは，トーン（人生初期に決定される情緒的絆），イメージ（ファンタジーに基づく自己像や未来への展望），テーマ（現実的な目標や見通し），イデオロギー（価値体系）を材料として，過去，現在，未来をひとつの物語として統合し，その人の人生に統一感と目的を与えるものとされる．人は自分の人生をひとつの主観的な物語として統合することで安定し，さらに成長に伴って自らのストーリーを書きかえていくものと考えられる．ウィンスレイドとモンク（Winslade & Monk, 1999）は，この考え方を心理療法に応用した「ナラティヴ・セラピー」をスクール・カウンセリングに用いている．彼らは，問題を抱えた生徒は「問題についてのストーリー」を作り上げてしまっているとみなし，それをカウンセラーの援助のもと，新しい適応的な「オルタナティヴ・ストーリー」として書きかえていくというアプローチを展開している．

3. パーソナリティを判断するときの問題

　学校場面において教師は，一人ひとりの児童・生徒のパーソナリティを適切に把握し，それに基づいたかかわりをすることが必要となる．これまでの心理学の研究では，人間が他者のパーソナリティを判断する際，さまざまな間違いをおかしやすいことがわかってきている．そこで，教師が児童・生徒のパーソナリティを判断する場合に，注意しなければならない点を解説する．

(1) ヒューリスティックス

　私たちは，他者のパーソナリティを判断する時に，どのような仕方で判断をしているだろうか．人間は他者を見て判断する時，全力を尽くしていないことがわかっている．すなわち，常に出会う相手に対して，全神経を集中させて詳しく観察した上で判断することは現実的に不可能である．そのため，これまでの経験や知識から，「この特徴を持っている人は，こういうパーソナリティが多い」というような枠組みを用いて，時間と労力を節約しているのである．これを「ヒューリスティックス」という（遠藤，2004）．特に教師が児童・生徒の

パーソナリティを判断する場合，判断の材料にする情報が不十分であったり，短い時間で多くの児童・生徒のパーソナリティを判断せざるをえない状況があり，ヒューリスティックスを行うなかで，一方的な思いこみや，極端な場合は偏見をもたないように気をつけたい．

たとえば，ある事象の頻度や生起確率は，該当する事例の利用しやすさに基づいて判断されるという，「利用可能性ヒューリスティックス」がある．これは，ある児童・生徒に関して「問題を起こした」という情報ばかりが集められている場合，その児童・生徒は問題ばかり起こす児童・生徒と判断され，その児童・生徒にもある良い部分が無視されやすくなる．特に問題行動やトラブルといったネガティブな出来事は，注目を集めやすく，話題にものぼりやすい．一方，その児童・生徒の望ましい部分，たとえば改善しようと努力している部分や，普段何事もなくやれている部分は，目立つネガティブな情報に覆われて見えにくくなってしまうのである．そのため，教師は児童・生徒に関する情報について，目立つもの，利用しやすいものばかりを材料にするのではなく，バランスのとれた視点で情報を集め，判断する必要がある．

(2) 教師による期待の効果

教師が児童・生徒にどの程度期待してかかわるかということが，その後の児童・生徒のパーソナリティや行動に大きな影響を与えることが知られている．たとえば，たまたま学業上で失敗が続いていて，教師がその児童・生徒の成功を期待していない場合には，教師が否定的な見込みをもってその児童・生徒に接してしまうので，児童・生徒自身も（さらに周囲の児童・生徒や他の教員までもが）「やっぱりまたダメなんだろうな」と教師と同じ見込みをもってしまい，本人はますます自信や意欲を無くしてしまう．その結果，さらに失敗が続いてしまうのである．また仮にその児童・生徒が成功したとしても，教師は「たまたま運がよかった」など，本人以外の原因に帰属しやすいという．反対に教師が児童・生徒に期待している場合は，その期待が児童・生徒に好ましい

影響を及ぼし，成功すれば「この児童・生徒は努力するまじめなパーソナリティだから成功した」と帰属することが多いという．このような教師による期待の効果（自己成就現象）は「ピグマリオン効果」と呼ばれている（Rosenthal & Jacobason, 1968）．

4節　情動の発達の道筋

1. アタッチメント

自分にとって重要な他者（養育者）との間に形成される愛情ある絆をアタッチメント（愛着）という．

養育者は乳児を抱っこしてミルクを与えたり，目を見つめ声をかける等，乳児にさまざまなはたらきかけを行う．このようなはたらきかけは，子どものアタッチメントの形成のために，非常に重要な役割を果たすものと考えられている．たとえば，不安が生じたり恐怖を感じると養育者に抱っこをせがむ乳幼児にとってみると，抱っこは単なる接触ではなく，不安や恐怖を鎮めてくれる大切な安全基地となるのである．

アタッチメントの重要性は，アメリカの動物心理学者ハーロウ（Harlow）の

図9-2　針金お母さん実験（Harlow & Zimmerman，1959より菊島が作成）

有名な「針金お母さん」の実験（1959）でも示されている（図9-2）．この実験では，生後間もない子ザルが母ザルから隔離され，2種類の「模型のお母さん」と一緒にオリに入れられた．2種類の模型は，材質が硬い針金でできているお母さんと，やわらかい布でできているお母さんであり，さらにミルクが出るか出ないかによって，子ザルが模型のお母さんに抱きついている時間に差があるかどうか調べられた．その結果，子ザルはミルクの出る針金のお母さんよりも，ミルクの出ない布のお母さんの方を好んだのである．これは，サルの子どもであっても，柔らかな感触で接触してくれる養育者とのアタッチメントを求めているということである（10章も参照のこと）．

2. 分離-個体化理論

人間は誕生してから4歳頃までに，情動についていちじるしい発達をとげることが知られている．ここではマーラーほか（Mahler et al., 1975）の分離-個体化理論を中心に，アタッチメントに関わる発達について，乳幼児の主観的体験からみていくことにする．マーラーは，たくさんの乳幼児と母親とのコミュニケーションを観察し，ヒトが生物として生まれた後，養育者との関係を通じて一人の人間として心理的に誕生するプロセスを分離-個体化過程として提案している．

(1) 正常自閉期（誕生～1ヵ月）

生後まもなくから赤ちゃんは心的な意味合いの無い「生理的微笑」やその後になって現れる，人の顔を見ると微笑む「無差別的微笑」を行う．これらは赤ちゃんからすれば微笑もうとして微笑んだという行動ではないのだが，養育者からみると，自分を見てうれしそうとか，幸せそうだとか，つい感情移入してしまう．このことは，科学的にみれば「認知の誤り」ということになるのだが，実はこのような養育者の思い入れが，養育者から赤ちゃんへの積極的な関わりを呼び起こし，このような交流を通じて，さらに赤ちゃんの情動を発達さ

せていくことが指摘されている（下条，1988；滝川，1994）．赤ちゃんのこの行動は，人間の幼児は他者によって養育してもらわなければ生きていけないため，生得的に備わっているものであり，まだ自分と他人というような明確な意識は存在していないのである．

(2) 共生期（2ヵ月～6ヵ月）

　この時期も，赤ちゃんは依然として養育者と一体となったかのように生活する．たとえば，生後3，4ヵ月から，赤ちゃんは養育者をみて微笑んだり，時には声をあげて笑ったりするようになる．赤ちゃんの微笑みは，前述のように養育者にハッピーな気分をもたらし，微笑みを引き起こし，さらに抱きしめたり，ほおずりをしたりというスキンシップを促進させる．それがさらに赤ちゃんの微笑みにつながるというように，一体となった密接な相互交流が続く．このような経験から，赤ちゃんは，自分が受け身だけの存在ではなく，外の世界にはたらきかけ，望んでいた変化をもたらす力をもっていることに気づいていく．このような養育者とのコミュニケーションは「随伴性検出ゲーム」（下条，1988）と呼ばれ，人との絆を結ぶはじまりとなるのである．

(3) 分離−個体化期

① 分化期（6ヵ月～10ヵ月）

　この時期の幼児は養育者の体を触りたがったり，自分の手や足を持ってじっと見つめるという行動がみられる．これは，自分と他者はそれぞれに違う身体であるという認識（身体像の分化）を持ち始めたことを示しており，それとともに養育者との共生状態から脱し始める．さらに，身体的成長によりハイハイ，つかまり立ち，つたい歩きができるようになり，養育者から離れ，外の世界に関心が芽生え始める．これに伴い，自分と養育者との区別，さらに養育者と他人との区別が次第に明確になってくる．このことは，たとえば人見知りとなって現れる．

② 練習期（10ヵ月〜16ヵ月）

　幼児はハイハイがますます上手になり，やがてよちよち歩き，直立歩行が可能となる．すると，外の世界に対する興味関心がさらに強くなり，自分の意志で移動ができることに喜び満たされる．しかし，いまだ養育者の存在を感じられる範囲のなかでのトレーニング的な意味をもつ行動であり，養育者から離れ過ぎると不安になってしまう．

　またこの間，ぬいぐるみや布のきれはしを常に持ち歩く幼児がみられる．このような幼児にとって特別な意味をもつ無生物の所有物を「移行対象」という（Winnicot, 1951）．移行対象は，特に夜眠る時，不慣れな場所に出かける時，養育者から離れなければならない時等によく用いられる．このことから，一人でも不安にならないよう，持っていると落ち着くものとして，すなわち養育者の代替物としての役割を担っていると考えられる．この現象も，幼児が養育者から次第に心理的に分離していこうとするはたらきを示しているもののひとつである．

③ 再接近期（16ヵ月〜25ヵ月）

　この時期，幼児はますます養育者から離れて自分の好きなように活動し始める．そうなると養育者から見て，イタズラや，危険なことをすることがあり，養育者は初めて幼児を叱ることになる．この経験が繰り返されると，自分と養育者は異なる意思をもった別の人間であることに明確に気がつかされるきっかけとなる．叱られた幼児は，養育者との間で分離不安が生じ，養育者に甘えようとするなど，再び接近しようとする．この行動を，養育者から見れば危なっかしいことをするので止めようとすると，「やりたい！」と怒って泣き叫んだり，抱っこしてやろうとすると「やだやだ！」と嫌がってとび出そうしたり，反対に「みてみて！」と養育者の注意を全面的に自分に向けさせようとしたり，「だっこだっこ！」と幼い頃に戻ったかのように養育者にしがみつこうとする言動がみられたりするのである．このように，この時期は幼児にしてみても，養育者にしてみても，かかわりに困難の生じやすい危機的な時期といえ

る．養育者は，幼児の不安定で揺れ動く気持ちと行動を理解し，肯定的に受け入れ，一貫性のある十分なコミュニケーションをとることが大切となる．この時期を乗り越えることで，近すぎず，離れすぎない幼児と養育者とのちょうど良い心理的な距離感がお互いに見出されていくのである．

④ 分離-個体化と対象恒常性の萌芽（25ヵ月～36ヵ月）

再接近期を乗り越えることにより，幼児は自己と他者がしっかりと区別されるようになる．養育者に対しても，叱る時もやさしい時もある一人の人間であること，そして養育者は自分とは別の独立した存在だが，自分を愛してくれていること，たとえ自分の前から一時的にいなくなっても，確かに存在してまた自分のところに来てくれるという信頼感が成立する．すなわち，幼児の心の中に肯定的な養育者のイメージを保有することができるために，安定したかたちで養育者から離れることができ，幼児自身も「自分」という認識を獲得することが可能となる．また養育者とは，子どもが初めて出会う他者であるため，養育者に対する信頼感は，その後に出会うさまざまな他者に対する信頼感や一貫した肯定的なイメージである「対象恒常性」の獲得にもつながっていく．

以上のように，幼児期の養育者との適切な関わりを通じて，子どもの愛着をはじめとした安定した情動が育まれていくのである．一方で児童虐待の問題のように，幼児期における養育者のいちじるしい不適切な養育や養育の欠如があると，その後の子どもの精神的健康にネガティヴな影響を与える危険性があり，そのようなケースが生じた場合は，心理療法等の専門的支援が求められる．

引用文献

Durrant, M.（1995）*Creative strategies for school problems*. W. W. Norton & Company.（市川千秋・宇田　光（訳）（1998）『効果的な学校カウンセリング　ブリーフセラピーによるアプローチ』二瓶社）

遠藤由美（2004）「社会的認知」無藤　隆・森　敏昭・遠藤由美・玉瀬浩治『心理学』有

斐閣,pp. 303-322

Freud, S.(1923)*Das Ich und das Es*. In Psychoanalytischer Verlag, Leipzig, Wien, Zürich.(井村恒郎(訳)(1970)『自我とエス』日本教文社)

Goldberg, L. R.(1981)Language and individual differences : The search for universals in personality lexicons. In Wheeler, L.(Ed.), *Review of personality and social psychology*, **2**. Sage, pp. 141-165.

Harlow, H. F. & Zimmerman, R. R.(1959)Affectional responses in the infant monkey. *Science*, **130**, 421-432.

Kretschmer, E.(1955)Körperbau und Charakter. 22. Aufl. Berlin: Springer.(相場 均(訳)(1960)『体格と性格』文光堂)

Mahler, M. S., Pine, F. & Bergman, A.(1975)*The Psychological birth of the human infant*. New York: Basic Books.(高橋雅士・織田正美・浜畑 紀(訳)(1981)『乳幼児の心理的誕生―母子共生と個体化』黎明書房)

McAdams, D. P.(1989)The development of a narrative identity. In Buss D.M. & Contor, N.(Eds.), *Personality psychology: Recent trends and emerging directions*. New York: Springer, pp. 160-174.

三宅和夫(1990)『シリーズ人間の発達5 子どもの個性』東京大学出版会

Rosenthal, R. & Jacobson, L.(1968)*Pygmalion in the classroom*. New York: Holt.

下條信輔(1988)『まなざしの誕生 赤ちゃん学革命』新曜社

Sullivan, H. S.(1940)*Conceptions of modern psychiatry: The first william alason white memorial lectures*. William Alason White Psychiatric Foundation.(中井久夫・山口 隆(訳)(1976)『現代精神医学の概念』みすず書房)

滝川一廣(1994)『家庭の中の子ども学校の中の子ども』岩波書店

詫摩武俊(1967)『性格はいかにつくられるか』岩波新書

Winnicot, D. W.(1951)*Playing and reality*. Penguin Books.(橋本雅雄(訳)(1979)『遊ぶことと現実』岩崎学術出版社)

Winslade, J. & Monk, G.(1999)*Narrative counseling in school*. Corwin Press.(小森康永(訳)(2001)『新しいスクール・カウンセリング―学校におけるナラティヴ・アプローチ』金剛出版)

参考文献

蘭 千歳・古城和敬(編)(1996)『対人行動学研究シリーズ2 教師と教育集団の心理』誠信書房

大渕憲一・堀毛一也(編)(1996)『対人行動学研究シリーズ5 パーソナリティと対人行動』誠信書房

戸田まり・サトウタツヤ・伊藤美奈子(2005)『グラフィック 性格心理学』サイエンス社

西川隆蔵・善明宣夫・吉川 茂・西田仁美・大石史博・神澤 創(1998)『新 自己理解のための心理学―性格心理学入門』福村出版

10章 社会性の発達

　私たちが社会の一員として生きていくためには，身につけていなければならない基本的な生活能力がある．そのひとつが社会性である．すなわち，他者を理解し，積極的に他者とかかわる能力や，集団のなかでまわりの他者と調整をはかりながら自分らしさを確立していくことを可能にするような能力である．本章では，他者とかかわりながら社会の一員となっていく過程について考える．

1節　対人認知と愛着の形成

　社会性といっても，「社会」とかかわる領域は多岐にわたっている．はじめに，人間が生まれてから他者とどのようにかかわるようになるのかをみていく．

1. 対人認知の発達

　私たちが円滑な社会生活を送る際，自分をとりまく環境を理解することが必要である．とりわけ，まわりの他者の存在を認識し，理解することは，対象とする他者との社会的相互作用を営む上で重要な課題である．人が他者を認識し識別する仕組みが対人認知であるが，ファンツ（Fantz, 1961）は，乳児が人の顔に敏感に反応することを実験によって明らかにしている．すなわち，さまざまな種類の図形刺激をペアにして提示し，各図形刺激に対する乳児の注視時間を測定した．その結果，生後6ヵ月までの乳児が単純な無地図形より模様のある複雑な図形を好み，とりわけ人の顔を描いた図形にもっとも興味を示した．

このような傾向は生後48時間でも認められる．また，母親の顔が好まれるという報告も興味深い．乳児は人にかかわる刺激に強く反応するのである．このような経験を繰り返しながら，人を認識する枠組みが形成されていく．

個人の識別ができるようになると，次に相手の感情や欲求など内的な状態を推測するようになる．では他者の気持ちを理解する能力はいつ頃から発達するのだろうか．コーエンほか (Cohen et al., 1983) は，3ヵ月の乳児の前で，母親が沈んだ表情を3分間続ける状況を設定し，その反応を観察した．その結果，最初のうち子どもは母親に笑いかけたり発声したりしたものの，母親が応答しないようにすると，顔を背けたり悲しそうな表情をみせた．さらに3分が経過し母親が普段どおりの表情に戻っても，子どもはしばらく硬い表情のままで警戒している様子だった．ハヴィランドほか (Haviland et al., 1987) は，生後10週の乳児の母親にさまざまな表情で乳児とやりとりさせ，母親がうれしそうな時には乳児も喜んでいるようにみえる表情や発声をするなど，母親の感情に対応する反応を確認している．以上の研究は，誕生後まもない乳児が母親の喜びや悲しみといった感情を識別できることを示唆している．また，乳児は母親の感情表出に対して能動的に働きかける反応をすることがわかる．

ところで，人は他者についての情報を選択的に収集し，それをもとにさまざまな主観的判断を行っている．その方法は，個人の発達における社会化の過程において，他者との相互作用を繰り返すことで学習される．ザービンほか (Sarbin et al., 1960) は，このような獲得の過程として，①日常生活における個々の観察事例からの帰納的推論，②理論からの演繹による解釈，③家族，友人，教師，自己などをモデルとした類推，④書籍，テレビなど社会的権威からの学習，を挙げている．個々人のもつ対人認知のスタイルは，その人が属する文化や社会に影響を受けながらユニークな（その人独自の）生活経験によって規定されるといえる．

2. 愛着の形成と対人関係の発達

　人間が最初に出会う対人関係は，母親との関係である．子どもと養育者との間にできる情緒的な絆が愛着である．愛着が形成される過程については，ボウルビー（Bowlby, 1969）による次の4つの段階が代表的である．

① 第1段階：人物弁別を伴わない定位と発信（12週まで）
　　周囲の人々一般に対する興味と関心がみられる．視線による追跡やつかんだり手を伸ばしたりする行動が含まれ，人の顔を見ると微笑し，泣きやむ．

② 第2段階：弁別された人物に対する定位と発信（6ヵ月まで）
　　周囲の誰に対しても親密であるが，特定の人に対する関心がみられるようになる．いつも自分の側で世話をしてくれる母性的人物と視線を合わせたり，その姿を見ると微笑んだり泣きやんだりするようになる．

③ 第3段階：弁別された人物への接近の維持（2歳ごろまで）
　　乳児はよりいっそう区別して人と接し，養育者から離れないようにする行動がみられる．生後7ヵ月頃から特定の養育者（母親）以外の人，見知らぬ人を警戒する，つまり人見知りが出現する．さらに生後10ヵ月〜1歳くらいから，母親の後を追ったり，帰宅した母親を迎えたりする行動が出現する．母親が近くにいると安心し，探索活動も積極的に行うようになる．

④ 第4段階：目標修正的協調性の出現（3歳以降）
　　母親の行動やそれに影響を与える事象の観察から，母親の目標や期待について推察できるようになり，自分の行動を修正するようになる．いったんこのような状態になると，母子の間には協調性というより高度な関係を発展させるための基盤が形成される．

　以上の4つの段階は順調な母子関係の発達を表している．しかし，母子間の接触が少なかったり，母親との養育行動が適切でなかったりすると，安定的な愛着関係が形成されない（Ainsworth et al., 1978）．たとえば，愛着の形成には身体接触の役割が大きいことが知られている．このことを明快に示しているのがアカゲザルを用いたハーローの実験である（Harlow et al., 1959）．前章でも

ふれたが，この実験では，生後間もない小ザルを母ザルから隔離して人工飼育して行われた．その際，柔らかくて弾力のある布でできた代理母親（布母）と，針金だけで組み立てられ胸のあたりに哺乳器が取り付けられた代理母親（針金母）の2つが用意された．どちらの代理母親に愛着を示すかの確認がこの実験の目的である．結果は，子ザルは空腹になると針金母のところでミルクを飲んでいたが，それ以外の時間ではほとんど布母に寄り添っていた．また，恐怖刺激としてクマの人形を与えると真っ先に布母に抱きつき，未知の場面において布母を近くにおくと活発に行動するようになった．このような一連の実験から，空腹を満たしてくれる対象よりも接触の快感が得られる対象に対して強い愛着が形成されるということが結論づけられた．この結果を直接的に人間に適用することはできないが，あたたかみのある身体接触が人間に安らぎを与えることは推測できるだろう（9章も参照のこと）．

3. 家族との関係

愛着は，すでに述べたように，母親（あるいは母親的人物）への接触から形成される．その後，子どもは愛着の対象は他の家族の成員へと広がっていく．

生後2ヵ月頃までは，母親と同様に父親が愛着の対象となるが，母子関係と父子関係では様相が異なる．ラム（Lamb, 1980）の研究によれば，子どもを抱く理由として，母親は世話をするためという理由が多かったが，父親は遊びをあげることが多かった．ストレスの強い場面で安心を求める場合には母親が選ばれ，遊び相手としては父親が選ばれるということが一般論として考えられる．現代の社会では子育ての役割も母親と父親とで多様な様相を呈してきており，個別の状況に応じてそれぞれの関係をとらえ直すことも考えてみたい．

次にきょうだい関係をみてみよう．きょうだいは子どもが家庭内で親と同様に深くかかわりをもつ重要な他者である．きょうだい関係は，親子の「タテ」，仲間の「ヨコ」の関係をあわせもった「ナナメ」の関係であるといわれる（依田，1990）．タテの関係では，子どもは親に従属し保護されるような立場にお

かれる．一方で，ヨコの関係は，仲間同士のような相手との対等な立場であり，自らの責任で関係の維持・調整をはかることが求められる．きょうだい関係は，ちょうど両者の中間にあたり，タテの関係からヨコの関係への橋渡しの役割を果たすのである．近年は少子化により，きょうだい関係をもたない子どもが増えてきている．このことが社会性の発達にどう影響するかも考える必要がある．

2節 対人関係の発達と役割取得

1. 仲間関係と友人関係

　仲間に対する社会的行動は，いつ頃から始まるのだろうか．櫃田ら（1986）によると，乳児同士仲間関係に関する研究では，5ヵ月で他児を見る行動が急増し，視線での相互作用がみられるようになる．運動能力が発達し移動が可能になる6，7ヵ月後になると動作による相互作用が増加する．1歳になると，仲間同士で意図を共有し，一緒に遊んだりゲームを楽しんだりの相互交渉がみられるようになる（Jacobson, 1981）．15～24ヵ月では，意図を共有するゲームにおいてペアで誘いかけの合図がみられ，その半数では相手が応じない時に誘いかけを繰り返すという行動もみられるようになる（Ross, 1982）．乳幼児における仲間関係には，相互作用を通して自己や他者の認識を発達させ，大人との関係では生じにくい多様な情緒を発生・発達させ，その統制の仕方を学ぶ役割があるとされる（川井ほか，1983）．

　幼児期になると，近隣の幼児と遊びや保育園や幼稚園の仲間集団の一員になることから仲間が社会的発達に果たす役割も大きくなる．斉藤（1986）は，相互交渉が社会的発達に果たす役割として，①他者理解と共感，②社会的カテゴリーの理解，③社会的規則の理解，④コミュニケーション能力の訓練，⑤自己統制能力の獲得，を挙げている．

　児童期・青年期になると仲間関係は，偶発的な相互交渉を超えた持続的な関

係としての友人関係へと変化する．また，友人相互の間を結んでいる概念が友情である．友情の発達段階として，①近接性による報酬-コストの段階，②価値や規則の共有が重要となる規範段階，③相互理解や親密な自己開示の期待など共感段階，の3段階がある（Bigelow, 1977）．また，友人の選択も主体的に行われるようになるが，その理由は年齢とともに変化する．田中（1975）は幼児から成人の友人選択理由を調査し，発達段階が進むにつれ，物理的・外的要因から心理的・内的要因に転換していくことを明らかにしている．青年期における友人関係の発達は，青年に親からの精神的独立を促す契機になるといわれる（Furman et al., 1992）．友人との深い関係の醸成は精神的成長と表裏一体であるが，傷つくことへの恐怖から友人との親密な関係を回避する青少年が増えてきていることも指摘されている（岡田，1993）．

2. 役割取得の発達

他者の思考，感情，視点を理解する能力を役割取得という（伊藤・平林，1997）．この能力は幼児期から児童期にかけて発達する．セルマンは，役割取得に関して，短い例話を子どもに提示し，登場する複数の人物それぞれの視点から事象を理解し，お互いの立場を考慮できるか否かを分析することで，発達段階によって社会的視点の取得に違いがあることを確認している．分析結果によれば，次の6つの段階に整理される（木下，1982）

① 自己中心的役割発達（4歳ころ）

　　自己の視点と他者の視点が未分化で，両者の視点を関連づけることができない．他者の表面的感情は理解するが，自分の感情と混同することもあり，同じ状況で自分と他者が異なった見方をすることがあることに気づかない．

② 主観的役割取得（6～8歳ころ）

　　自己と他者の視点を分化できるが，視点間の関連づけができない．状況が違えば人々は異なった感情や考え方をもつことに気づくが，他者の視点に立てない．

③ 自己内省的役割取得（8〜10歳ころ）

自己と他者の視点を分化でき，他者の視点に立って自己の思考や感情を内省できるが，双方の視点を相互的に関連づけることは同時にはできない（継時的には可能）．

④ 相互的役割取得（13〜16歳前後）

自己と他者の視点の両方を考慮する第三者的視点をとり，両者の視点を同時的そして相互的に関連づけることができる．お互いに相手の思考や甘受追うなどを考察し合って，相互交渉していることに気づく．

⑤ 質的体系の役割取得（青年期以降）

相互的なだけでなく，より深いレベルで相手を概念化する．人々の視点がネットワークや体系をなすとみなされる．

⑥ 象徴的相互交渉の役割取得

対人関係や社会的関係を分析する方法とみなされ，他者の主観そのものは経験できないが，推論により互いに理解し合えるようになる．

また，社会的な役割は遊び（次節参照）を通して取得される．たとえば，幼児は実際に調理ができなくても，「ママゴト」を通じて，食べ物でないものを食べ物にみたて，お母さんの役割を擬似的に体験する．これは「ふり遊び」の一種である．ふり遊びとは，積み木をバスに見立てるといったことや，子どもが積み木を押しながらバスの運転手をするといったことにより，現実とは異なる世界を演じることである（高橋, 1992）．現実のバス（物B）をシンボルとして積み木（物A）に置き換える．これがある物を別の物に見立てるという「変換」の操作である．この操作を媒介するのは経験によって得られた物のイメージ（ここではバスのイメージ）である．積み木をバスのイメージと近似すれば，積み木を動かすことであたかもバスを運転しているようなイメージの世界をつくることができる．物Aが物Bであるかのようにとらえる事は，物理的環境としての現実世界の「モノ」を認識し，それを別の物を通じて表現するという行為である．また，現実とは別の役割を演じるという行為によって，実

際には経験されない社会的役割を学習することになる．

3節　集団行動の発達と社会の理解

1. 集団行動の発達における遊び

　遊びは，仕事や勉強など「役に立つ」ことと対極的に考えられることが多いが，人間の成長や社会性の発達には欠かすことができない重要な役割を果たしている．遊びという行為は，これまで獲得していない新たな技能の獲得や習熟と密接に関わり，結果として能力を伸ばす機会を得ることになるのである．ここでは，集団生活における遊びについて考えてみよう．

　パーテン（Parten, 1932）は，自分ひとりの遊びから社会的遊びにいたるまで，社会的に参加していくという枠組みを，幼児が集団で行う自由遊びの観察に基づいて分類している．

① ぼんやり（1〜2歳頃）

　　まわりへの興味を示さず，自分本位のとりとめのない行動を示す．

② ひとり遊び（2〜3歳頃）

　　ひとりで独立して遊ぶ．他のことには注意が向かない．

③ 傍観遊び（3歳頃）

　　他の子どもが遊ぶのを見ている．他の子どもに関心をもつが，自分から遊びのなかには入っていかない．

④ 並行遊び（3〜4歳頃）

　　他の子どもと同じ場所で他の子どもと同じような遊びをするが，直接に交流はもたない．

⑤ 連合遊び（3〜5際頃）

　　他の子どもとの相互作用がみられるようになるが，組織性はない．

⑥ 協同遊び（5〜6歳頃）

　　共通の目標をもつ組織だった集団が形成され，集団において異なる役割を

分担するようになる.

以上から,最初は他者と関わらない状態から始まり,自分自身での遊びから他者の遊びを観察するようになり,他の子どもと同じような遊びをしながら,だんだんと他者と関わりをもちながら協同していくプロセスが,遊び行動の展開として描き出されていることがわかる.こうしたプロセスは,幼児の遊びに限らず観察することができる.たとえば,未知でルールが複雑な集団で行われるゲームを実施する際には,成人においても上述のようなプロセスがみてとれる.

友人関係が形成され,深められていく過程において,その関係における決まり事や社会的ルールを理解し,それに従って行動することが求められる.深津(1998)は幼児における遊びの発達的意義を次の7つにまとめている.①身体,運動の発達(手の巧緻性,足,身体の運動機能発達など),②知的発達の促進(自由な活動の場における遊びは想像的思考を豊かにし,知的活動の成長を促す,③社会性成熟を促す(遊びを通じて対人関係の技術を学習),④人格の発達(他児との遊びを通じて自制心,忍耐性,自信などを養い,思いやりの気持ちを学習),⑤教育的効果の促進(遊びを通じた知的活動の開発,遊びにおいて何をどのように操作するのかを通じての教育的応用),⑥道徳的訓練の練習(遊びのなかで子ども同士が決めたルール・規律の遵守,将来の道徳的行動の練習),⑦心理治療(ロール・プレイとしてのごっこ遊び,欲求不満や葛藤を放散させる遊戯療法).

以上から遊びにおける社会的ルールの理解についての位置づけが理解できるだろう.

2. 向社会性・非社会性・反社会性

社会性に関連して,向社会性,非社会性,反社会性という概念を整理し,社会性の諸側面について考えてみよう.

向社会性とは,困っている他者を助けようとする傾向のことを指し,向社会

的行動，援助行動，愛他的行動が挙げられる（11章も参照のこと）．一般に社会性といった場合，このような向社会的な側面についてのことである．

　非社会性とは，社会的関係や行動を回避する傾向であり，不登校や引きこもりが挙げられる．非社会性を引き起こす発達的要因としては，親からの心理的分離の失敗が挙げられる（下山，2004）．乳幼児期における運動機能の発達にともない，子どもは親からの身体的分離を進める．さらに，象徴的機能や言語機能などの発達により，社会的な遊びを発展させながら児童期の仲間関係や友人関係を形成していく．この過程は親からの心理的分離を意味するが，このプロセスに問題が生じると，それが原因となり不登校や引きこもりなどの非社会的状態が生じる事態にもつながる．不登校は，1980年代に入って登校拒否から変化した呼称であるが，学校にいけない多様な状態とみなされるようになってきており，①学校不安・学校恐怖型，②登校「拒否」型，③未熟・分離不安型，④行動化型，⑤怠学型，⑥養護問題型，⑦積極活動型，⑧ひきこもり型（無気力型），⑨その他の不登校（うつ病などの精神障害が背景にある場合）のように分類される（竹中，2000；下山，2004）．また，引きこもりの原因としては，①対人恐怖症，②強迫症状，③不眠と昼夜逆転，④家庭内でのコミュニケーションの欠如，⑤不安定な家族関係，⑥家庭内暴力，⑦被害関係念慮，⑧抑うつ気分，などが指摘されている（下山，2004）．こうした問題は，個人の「こころの問題」としてのみ理解するのではなく，家庭や地域社会など個人をとりまく「社会の問題」としてとらえることが重要である．

　最後に，反社会性とは，社会の期待から逸脱する行動（反社会的行動）を基礎づける個人の内的状態である（白井，2004）．犯罪は反社会的行動であるが，児童や刑事責任年齢以下の若年者に対しては「非行」という言葉が用いられる．非行は，一般に道徳性や自己統制の欠如，非行仲間との接触などが主な原因といわれる．松嶋（2005）は，非行をとらえる視点を，①精神障害，②心理的問題をもつ少年，③環境の犠牲者，の3つに分類し，これらは「問題が当事者にあるとする視点」と呼んでいる．③は，親の不適切な養育など，当事者の

外部に原因があるようにもみてとれるが,結果的に少年自身のこころが受けた傷やダメージであると説明されることが多いと指摘している.

非行をはじめ,反社会性をとらえる視点はさまざまである.反社会性のみならず,広く「社会性」を考える際に,単に個人の内的属性(知能,性格,過去経験,病理など)に帰属させるのではなく,個人と他者との関係性に注目しながらとらえていく必要があるだろう.

引用文献

Ainsworth, M. D. S., Blehar, M. C., Waters, E. & Wall, S.(1978)*Patterns of attachment: A psychological study of strange situation.* Hillsdale, N.J.: Erlbaum.

Bigelow, B.(1977)Children's friendship expectations: A cognitive-developmental study. *Child Development,* **48**, 246–253.

Bowlby, J.(1969)*Attachment and loss Vol.1, Attachment.* The Hogarth Press.(黒田実郎・大羽蓁・岡田洋子(訳)(1976)『母子関係の理論Ⅰ:愛着行動』岩崎学術出版社)

Cohen, J. & Tronick, E. Z.(1983)Three-month-old infants' reaction to simulated maternal depression. *Child Development,* **54**, 185–193.

Fantz, R. L.(1961)The origin of form perception. *Scientific American,* **204**, 66–77.

Furman, W. & Buhmester, D.(1992)Age and sex differences in perception of networks of personal relationships. *Child Development,* **63**, 103–115.

Harlow, H. F. & Zimmerman, R. R.(1959)Affectional responses in the infant monkey. *Science,* **130**, 42–432.

Haviland, J. M. & Lelwica, M.(1987)The induced affect response: 10-week-old infants' responses to three emotion expressions. *Developmental Psychology,* **23**, 97–104.

櫃田紋子・浅野ひとみ・大野愛子(1986)「乳幼児の社会性の発達に関する研究6―乳児の社会的行動その2」『日本教育心理学会第26回総会論文集』pp. 470–471.

深津時吉(1998)「社会的行動:新しい社会」 深津時吉・会津力・小杉洋子『発達心理学:幼児期から児童気までの発達のすがたをとらえる』ブレイン出版

伊藤忠宏・平林秀美(1997)「向社会的行動の発達」 井上健治・久保ゆかり(編)『子どもの社会的発達』東京大学出版会

Jacobson, J. L.(1981) The role of inanimate objects in early peer interaction. *Child Development,* **52**, 618–626.

川井尚・恒次欽也・大藪泰・金子保・白川園子・二木武(1983) 「乳児−仲間関係の縦断的研究1−初期の発達的変化」『小児の精神と神経』**23**, 35–42.

木下芳子(1982) 「社会的コンピテンス」波多野誼余夫(編)『教育心理学講座4 発達』朝倉書店

Lamb, M. E.(1980)The development of parent-infant attachments in the first two years of life. In Pederson, F. A.(Ed.), *The father-infant relationship.* New York: Praeger

Publishers.（依田明（監訳）（1986）『父子関係の心理学』新曜社，pp. 27-52）
松嶋秀明（2005）『関係性の中の非行少年―更正保護施設のエスノグラフィーから』新曜社
岡田努（1993）「現代の大学生における『内省および友人関係のあり方』と『対人恐怖的心性』との関係」『発達心理学研究』4, 162-170.
Parten, M. B.（1932）Social participation among preschool children. *Journal of Abnormal Psychology*, 27, 243-269.
Ross, H. S.（1982）Establishment of social games among toddlers. *Developmental Psychology*, 18, 509-518.
斉藤こずゑ（1986）「仲間関係」 無藤隆ほか（編）『子ども時代を豊かに』学文社.
Sarbin, T. R., Taft, R. & Bailey, D. E.（1960）*Clinical influence and cognitive theory*. New York : Holt, Rinehart & Winston.
下山晴彦（2004）「非社会性」 子安増生・二宮克美（編）『キーワードコレクション発達心理学［改訂版］』新曜社
白井利明（2004）「反社会性」 子安増生・二宮克美（編）『キーワードコレクション発達心理学［改訂版］』新曜社
高橋たまき（1992）「遊び」東洋ほか（編）『発達心理学ハンドブック』福村出版
田中熊次郎（1975）『新訂児童集団心理学』明治図書出版
依田明（1990）『きょうだいの研究』大日本図書

参考文献

井上健治・久保ゆかり（編）『子どもの社会的発達』東京大学出版会
子安増生・二宮克美（編）『キーワードコレクション発達心理学［改訂版］』新曜社
対人行動学研究会（編）（1986）『対人行動の心理学』誠信書房
多鹿秀継・鈴木眞雄（編）（1992）『発達と学習の基礎』福村出版
多鹿秀継・鈴木眞雄（編）（2000）『発達と学習の心理学』福村出版
高橋たまき・中沢和子・森上史朗（編）（1996）『遊びの発達学（基礎編・展開編）』培風館
山内光哉（編）（1999）『発達心理学（上）―周産・新生児・乳児・幼児・児童期（第2版）』ナカニシヤ出版

11章 道徳性の発達

1節 道徳とは何か

1.「道徳」の定義

「道徳」という言葉の漢語的な意味合いは，「道」と「徳」とに分かれる．「道」とは，私たちが判断したり行為したりする際の条理・道理という意味や，社会生活を営む上で人の守るべき物事の筋道という意味をもつ．すなわち，社会のなかで人々が善悪・正邪などを判断し，人間相互の関係を規定する社会規範のことである．また「徳」とは，道を行って体得した人の立派な行いという意味をもつ．つまり人間的な価値を能力として身につけ，実践していくことをあらわす．

英語で道徳にあたるモラル（moral）という語も由来は非常に似通っており，mosという社会的習慣・しきたりをあらわす語と，moresという実践や行為をあらわす語の，2つのラテン語に由来している．

つまり「道徳」とは，人間の社会生活における慣習・規範への意識であり，この規範に合致する行為を行うことといえよう．すなわち人間の人間たる固有の性質が理性的能力であるとすれば，さまざまな欲望や感情のままに生きるのではなく，しきたりや社会的規範にてらして自律的に行動できる能力ととらえることができる．

しかし，この慣習や社会的規範の内容はあくまで文化相対的な概念であり，そこに危うさが存在することも事実であろう．ただし「道徳性」といった場合，規範を内面化する特性を指す概念であり，そうなれば文化を超えて人間に共通する要素を前提とすることになるかもしれない．

2. 学習指導要領からみる「道徳性」

では、「道徳」が個人のなかに内面化された特性をあらわす「道特性」とは、どのようにとらえられるのであろうか。現在、文部科学省から示されている学習指導要領では、「道徳的心情」、「道徳的判断力」、「道徳的実践意欲と態度」をもって道徳性が位置づけられている。

「道徳的心情」……「道徳的価値を望ましいものとして受け取り、善を行うことを喜び悪を憎む感情のことであり、善を志向する感情でもある。それは、道徳的行為への動機として強く作用するものであるから、道徳的心情を養うことは、道徳性を高めるための基礎的用件である。」

「道徳的判断力」……「それぞれの場面において善悪を判断する能力であり、人間として望ましい生き方をしていくために必要な基本的能力である。的確な道徳的判断力を持つことによって、それぞれの場面において機に応じた道徳的行為をすることが可能になる。」

「道徳的実践意欲と態度」……「道徳的心情や道徳的判断力によって価値があるとされた行動をとろうとする傾向性を意味する。道徳的実践意欲は、道徳的心情や道徳的判断を基礎とし道徳的価値を実現しようとする意志の働きであり、道徳的態度は、それらに裏付けられた具体的な道徳的行為への身構えということができる。」

上記の3つの観点は、前述の道徳の定義と矛盾するものではなく、古来よりいわれてきた「知」・「情」・「意」に対応すると考えることもできよう。道徳の本来的な意味からすれば、この3つそれぞれを培い、統合していくことが望ましい。しかしながら現在の学校現場における道徳教育では、第一義の「道徳的心情」の育成に力点を置いたものが非常に多く、「判断力」や「実践意欲と態度」という部分に対する指導はおろそかにされがちな傾向は否めない。現場教師の悩みに多いのは、道徳的価値の内面化がどこまで行われているのかという教育効果に関するものである（藤井・鈴木, 2005）。「道徳的心情」を重視した教育によって「道徳的行為」に直結することをねらっても、そこに「道徳的

判断力」が介在しなければ道徳性の発達にはつながらないであろう．道徳教育を考える際には，この3つの観点を統合する指導を心がける必要がある．

2節　道徳性の発達理論

1. 道徳性の発達における3つの立場

　道徳教育が義務づけられている小・中学校の9年間の各段階は，認知・情緒・意思決定のいずれにおいても発達心理学的にみて大きな差がある．もちろんそこには個人差の問題も含まれている．すると，一般的な発達の経路に加え，一人ひとりの発達状況を正確に把握して指導することは実際にはたやすいことではない．このような事情から，日本の学校現場における道徳教育は，あらかじめ設定された徳目を道徳的心情に訴えて教えることが非常に多く，心理学における道徳性の発達理論の研究は，そこにほとんど貢献してこなかった．しかし，一人ひとりの道徳性の発達段階を考慮して，判断の根拠を各自に考えさせることで，はじめて道徳性の3つの観点の統合が可能になるであろう．つまり，道徳性の発達理論を理解し，具体的な授業実践へ応用することが，教師には求められているといってよい．

　道徳性の発達に関する心理学的理論には，主として，①情動的側面，②認知的側面，③行動的側面の3つのとらえ方がある．これらはそれぞれ1節2.で述べた3つの観点にほぼ合致していると考えられる．

　①情動的側面については精神分析理論，②認知的側面については認知発達理論，③行動的側面については社会的学習理論と，それぞれの立場から研究が積み重ねられてきた．以下，これらを詳しくみていくことにする．

2. 情動的側面

　道徳性を情動的な側面から研究したのは，精神分析の創始者フロイト（Freud）である．フロイトは，人格がイド（Id）（エスとも呼ぶ），自我（Ego），

超自我（Superego）の3つの機能からなると考えた．イドとは快楽原則に従って欲求を充足させようとする機能であり，個人にとって快的なことが善であり，不快なことが悪となる．これは，社会の基準とは適合することのない，本能的欲求のみに従ういわば無道徳の状態である．また，自我とは現実原則に従って働く機能のことであり，外界・環境からの要請を意識し，イドの快楽を求める要請との間で双方を満足させ道徳的に受け入れられる方法へと調整する．自我は初歩的な道徳観を生み，社会のなかでの習慣・規範を認識させ，その逸脱には罰が与えられることを意識する状態である．その調整によって道徳的葛藤が解決できないと感じると，防衛機制が生じる．そして超自我こそが人間の道徳的体系であり，文化的な規範や価値が両親や養育者との同一化の過程を通して形成される．

　つまりフロイトによれば道徳性の発達は超自我の形成を表し，5〜6歳ごろに生じるエディプス・コンプレックス（異性の親に対する性愛と同性の親に対する敵意の象徴）を解消しようとして達成される．両親という権威者の罰は子どもにとって，それ自身が恐怖の対象であり，自分を保護し育ててくれる両親の愛を失うのではないかという強い不安を呼び起こす．この不安が子どもの発達とともに徐々に内面化され，具体的な両親の罰がなくても自ら罪悪感というかたちをとって自分を監視し処罰するようになる．これが「良心」の主体となるものである。この意味からいえば，内面化される権威者の価値観が非常に重要となる．権威者としての親や教師の価値観がもし偏狭で間違ったものであれば，子どものそれも同様にならざるをえない．すなわち，子どもの道徳性の発達においては，教育の果たす役割は重大であることが示唆されるものである（9章も参照のこと）．

3. 認知的側面

　道徳性の発達を認知的側面から研究したのは，主としてピアジェ（Piaget）とコールバーグ（Kohlberg）である．この立場からのアプローチでは，道徳性

の発達において，それを規定する重要な要因は認知的要因であるとし，一人ひとりの個人の道徳的な判断の深層に内在している道徳的な認知構造の質的変化を対象とすることから，必然的に発達段階が設定されることになる．

ピアジェ（1930）は，この発達段階は，① 質的な差異，② 発達の順序性，③ 構造的全体性，④ 階層的統合性の4つの基準を条件とすると考えた．

① 質的な差異とは，その個人の年齢たとえば小学生と中学生とでは，同じ道徳的問題に対しても考え方や解決の方法にはっきりした質的な違いがあることを意味している．つまり，その子どものおかれた発達的な時期に特有な道徳的思考様式があると考えられる．

② 発達の順序性とは，発達の順序の系列化を意味している．つまり道徳性の発達は一定の順序で出現し，段階を飛び越した発達はない．また，極端な心的外傷体験がない限り，一度到達した発達段階からは退行することがないとされる．道徳性の発達段階は，一定の人間の道徳的認知構造は普遍的に認められている正義や博愛といった原理（principle）に基づき，文化を超えて大筋でほぼ一貫した発達段階を形成していると考えられている．このことはコールバーグ（Kohlberg, 1969）やスナレー（Snarey, 1985），山岸（1976），荒木（1987）らによって文化を超えた発達の継時性，順序性の一致が確かめられている．

③ 構造的全体性とは，個人の道徳的思考様式はそのときどきで異なるのではなく，個人内においてほぼ一貫していることを意味する．子どもたちのそのときの気分や心理的な状況が異なっても，いつも同じような道徳的判断を示すと考えられている．

④ 階層的統合性とは，発達の高次の思考様式は，低次の段階の思考様式を内包し統合していくことを意味する．もちろん低次の思考様式ほど誰もが気づきやすく，理解されやすいが，人間はより上位の思考様式を求めたり好んだりする傾向があるため，より高次の段階に到達した個人は，低次の思考様式を理解はできるが選択はしないのである．

この4つの基準はピアジェによって設定されたが，その後コールバーグやギ

リガンにもほぼ踏襲されていく．

(1) ピアジェの道徳性認知発達理論

　ピアジェ (1930) 以前の道徳性の発達に関する理論は，2. にもまとめたように，社会規範に同調するよう仕向け，社会的権威の受容を目標とする考え方が主流であった．しかし，ピアジェはそうした考え方を批判し，道徳性の発達を規範の理解の仕方，内面化の仕方の変化の過程であると考えた．そして故意と過失，盗み，うそ，正義感など，道徳にかかわる多くの問題を取り上げ，臨床的な研究方法によって子どもの道徳性の発達を明らかにした．具体的には，故意と過失についていえば，3つのたとえ話を用いて，子どもの道徳的判断を調べた．そのうちのひとつを紹介する．

　　　マリーという名の小さい女の子がいました．彼女は，お母さんがびっくりするくらい喜ぶことをしようと，お裁縫をして自分で布を切りました．しかし，彼女はうまくはさみを使えなくて，自分の洋服に大きな穴を開けてしまいました．
　　　マーガレットという名前の小さな女の子が，ある日お母さんが出かけているときにお母さんのはさみを持ち出しました．彼女は，はさみでしばらくの間遊びました．そして，彼女はうまくはさみを使えなかったので，自分の洋服に小さな穴を開けてしまいました．

　そして動機とは関係なしに物質的な結果から評価する判断の仕方（「マリーのほうが悪い」と答えるタイプ）は，子どもが大きくなるにつれて減少していき，行為を動機から評価し責任を主観的にとらえるような考え方（「マーガレットのほうが悪い」と答えるタイプ）が多くなることを明らかにした．ピアジェの道徳性発達理論が，「結果論から動機論へ」と要約される（二宮，1984や内藤，1987など）ゆえんである．

表 11-1 ピアジェの道徳的判断の研究の概要（二宮，1985）

領域	拘束（他律）の道徳性	協同（自律）の道徳性
規則	規則は神聖なもので，変えることはできない	合法的な手続きで，同意によって規則は変えられる
責任性	行為の善悪を，行為の結果にもとづいて判断する〔客観的責任判断〕	行為の善悪を，行為の意図・動機にもとづいて判断する〔主観的責任判断〕
懲罰の概念	懲罰は必要で，厳格なほどよい〔贖罪的懲罰〕	贖罪を必要とは認めず，相互性による〔賠償的懲罰〕
集団的責任	犯人を告げないなど，権威に対して忠実でないと集団に罪がおよぶ〔集団的責任〕	集団全体を罰すべきではなく，各人をその行為に応じて罰する〔個人的責任〕
内在的正義	悪い行為は自然によって罰せられる〔内在的正義〕	自然主義的な因果関係による〔自然主義的正義〕
応報的正義	応報的観点から判断する〔応報的正義〕	分配（平等主義）的観点から判断する〔分配的正義〕
平等と権威	権威による命令を正しいとし，権威への服従を選ぶ	平等主義的正義を主張し，平等への願望を選ぶ
児童間の正義	規則による権威に訴える	同じ程度で懲罰をしかえすことは正当で，協同あるいは平等に訴える

そして，表11-1にあるように，道徳判断の領域を8つの領域に分けて考え，権威者である大人の拘束による他律的な道徳観から自律的で仲間との協同による道徳観への変化，一方的尊敬から相互的尊敬への変化という法則を提示した（4章も参照のこと）．

(2) コールバーグの道徳性認知発達理論

コールバーグは，道徳性の発達と道徳教育における今世紀最大の心理学者といってよい．同一視による超自我の形成も，発達過程における規範の内面化も，いかにして道徳的な規範意識が獲得されるかについては説明しているが，「道徳」の概念に含まれる文化相対的な特質や他者との相互関係が影響したり

する場合などの，複数の規範が相互に矛盾する場合の個人の対処についての説明は脆弱であると考えた．後者は，現実場面について考えた場合，より身近に頻繁に生じている．

　こうした問題意識を発端として，コールバーグはピアジェの発達段階という概念を引き継ぎ，子どもでも自分なりの正しさ（正義）の枠組みをもっていて，それは発達とともに質的に変化するものとして発達段階説を提唱した．たとえば，急な雨で困っても置いてある他人の傘を使わない，というひとつの行為であっても，判断の根拠は異なることがある．一方は「他人の傘を持っていってしまったところを先生に見つかったら叱られるから」という根拠，もう一方が「そんなことをしたら傘の持ち主が困るだろうから」とか「同じことをみんながしたら盗みばかりになるから」という根拠とでは，その後の行為は同じでも両者の道徳性は明らかに異なる．したがって，道徳性の発達を考える際には，その個人がどのような考えや動機でそれを行ったかという判断の根拠が非常に重要になる．

　このような背景から，コールバーグはたとえば以下にあるようなモラル・ジレンマ（道徳的葛藤）を問う物語を用いて，価値葛藤に対して個人がどんな判断を示すかについて分類し，発達段階説を提示した（表11-2）．

　　ハインツのジレンマ物語
　　ヨーロッパで，一人の女性が特殊な癌のために死にかけていました．その癌を治すためには唯一種の薬しかありませんでしたが，その薬は製造するために要した費用の10倍もの値が薬屋によってつけられていました．彼女の夫ハインツは，お金を借りようとあらゆる知人を回りましたが，その値段の半分のお金しか集まりませんでした．彼は薬屋に妻が死にかけていることを話し，値引きするか後払いにしてくれるように頼みました．しかし薬屋は，「それで金儲けをするつもりだからだめだ」といいました．思いつめたハインツは，妻の命を救うために，薬局に薬を盗みに入りました．ハインツは薬を盗むべきだったのでしょうか．

11章　道徳性の発達　139

表11-2　コールバーグの発達段階

水準	段階	概要	具体的な言語表現の例
前慣習的水準 相互の人間関係や社会組織の中での道徳という考えがない水準	1. 罰と服従への志向（未就学児）	この段階の子どもは、叱られたり罰せられたりすることを避け、行動する。それを避けることを目的として判断したり、権威者である大人に対して服従し、判断の基準となる。したがって、判断する大人が設定した規則や善悪であって、善悪を判断する他者は常に自己の外にあり、大人の顔色を見ながら善悪とさも善悪を判断する基準となる。また、物理的な結果の大きさも善悪を判断する基準となる。	・怒られたり嫌だから… ・警察につかまると嫌だから… ・お父さん（お母さん、先生）に〜と言われたから…
	2. 道具主義的な相対主義（小学校低学年）	この段階の子どもは、ひたすら自分の利益や報酬を求め、平等に交換（自分が助けてもらったら相手を助ける、など）によって自己の欲求の満足を求める行為が正しさの基準となる。善悪の判断はまず損得、完全なるギブアンドテイクであり、その手段の善し悪しにはあまり意識が向いていかない。	・〜すると損（得）だから… ・お母さんは毎日ご飯を作ってくれる人だから大事にする ・お父さんは給料をもってきてくれる人だから大切だ ・ギブアンドテイクだから…
慣習的水準 人間関係や社会組織の中でどのような権利や義務や権威があるのかを考える水準	3. 対人的同調、「良い子」志向（小学校高学年〜高校生）	この段階の子どもは、良い対人関係を作ることを正しい行為であると認識している。他者を喜ばせ、他者を助けるために望まれ承認される行為は良い行為だが、承認されない行為は悪い行為である。行為の目的や欲求の善悪、その行為から生ずる結果を考慮しないで、ただ周囲からの期待に沿うための良い子の役割を演じることが善であると考え、ステレオタイプな思考に同調する。友情、思いやり、感謝、忠誠、信頼などが、「自ら望すことを他者にしない」という黄金律を理解するようになる。	・友達だから… ・〜することは良いことだから ・〜と考えるのが当たり前だから ・中学生として…、兄弟として…
	4. 「法と秩序」志向（高校生〜大学生）	この段階の子どもは、社会あるいは集団の利益に貢献する行為を良い行為と考える。権威（親・教師・神）を尊重し、社会的秩序を維持することにより、自己の義務を果たすことを求める。法を尊重するが、それを固定的にとらえている。	・学校（クラス・家族）のためになるから（ならないから）… ・〜することは義務だから ・〜にとってしまうと困るから
後慣習的水準 人間関係や社会組織を超えて、あらゆる人々がもつ権利や義務が何であり、普遍的な原理に基づいて道徳をとらえる水準	5. 社会契約的な法律志向（大学生〜）	この段階の人物は、他者の権利や一般的な福祉、および法と多数者の意志によりつくられた標準に従う義務を考える。したがって、法律は変更できるものと考え、社会的利益を合理的に考えるようになるために、法律を変更し法に従うようになる。	・みんなの幸せのためにこの規則（法律）を変更し… ・多くの人たちが同意し、その考え方に反対としても大きな迷惑がかからなければ…
	6. 普遍的な倫理的原理の志向	この段階の人物は、実際の法や社会の規則を考えるだけでなく、正義について自ら選んだ標準と人間の尊厳原則（正義、相互信頼、平等）・人間の尊厳の尊重に合致した倫理的原理に従う良心に従って行動を選択し、非難を受けない形で行動する。	・すれば良心が痛むから… ・〜をすれば平等でなくなるから… ・〜は人間としてやってはいけないことだから…

注）櫻井（1997）およぴ山岸（1976）をもとにまとめた。

コールバーグによれば，発達の速度に違いはあっても，あらゆる人間は文化の制約を越えて普遍的に表11-2に示したような発達段階の順序に沿う．そして道徳性とは，道徳的な問題を解釈し判断を下すための役割取得（roletaking）が基本となり，それによって認知された道徳的－認知的な葛藤によって道徳的認知構造が再構成される．道徳性の発達を促す環境要因として，①役割取得が求められるさまざまな経験の場を与えること（役割取得の機会），②道徳的認知葛藤を生じさせること，③公正な道徳的環境を与えることの3点にまとめられている（荒木，1988）．

(3) ギリガンの理論

このような正義と公正を主たる原理としたコールバーグのとらえ方は男性を中心とした考え方であると批判し，女性特有の道徳性発達（different voice）に関する問題提起をしたのが，ギリガン（Gilligan）である．男女による道徳性の発達の違い，つまり，女性は人間関係，気配り，共感を主要な原理とする「配慮と責任の道徳（思いやりの道徳）」によって道徳的判断を下しているのだと

表11-3 2つの道徳性 （Lyons, 1983 ; 1987）

	正義の道徳性	配慮と責任の道徳性
自己のとらえ方	他者から分離，自律したもの	他者と相互依存の関係にある
他者の見方	平等と相互性において（自分が見られているように）見る（状況から離れて客観的に見る）	文脈のなかの他者を見る（状況にはいって見る）
道徳的問題の構成化の仕方	自分と他者（社会）の相対立する欲求の解決として構成	他者との関係や他者にどう対するかの問題として構成
解決の仕方	1) 役割と関連した義務やコミットメントに合致し，2) 相互性—公正さを含む規範や原則に従う解決	1) 関係やつながりを維持し，2) 他者の幸福を促進し苦しみや傷を和らげる解決
評価の仕方	1) 決定がどのようになされ正当化されているか 2) 評価，原則，規範が維持されたかを考慮	1) 結果がどうなったか 2) 関係が維持されたかを考慮

した（表11-3）．人間関係を重視し，配慮や思いやりを基本とした道徳性は，コールバーグ理論では低い段階にとどまっていることになるが，それは別の方向への発達をしていることが無視されてきただけだと指摘したのである．ギリガンが主張したような性差や文化差は必ずしも実証されなかったが，ピアジェやコールバーグ理論の限界を指摘し，状況を抽象化せずに具体的状況に応じて論じた点において大きな功績があったとされる．この視点はエリクソンの生涯発達理論についても影響を与え，分離–個体化とは異なる他者との関係性についての発達経路の重要性が認識されるようになってきている（杉村，1999など）．

4. 行動的側面

　行動主義的立場に立って，道徳性を観察可能な行動から研究した人物として，アイゼンク（Eysenck）がいる．アイゼンクは，良心は生理的要因と社会的要因によって条件づけられたものだとした．つまり，罰や報酬を通して社会規範を学習するとする立場である．だが，社会的要因による条件づけについては，条件づけする人（親・教師・友達など）の恣意性やその価値の相対性が問題点として指摘されている．

　一方，ピアジェやコールバーグの認知的発達理論における発達段階の非可逆的進行は，自己中心的志向からの〈脱中心化〉に集約されることになるのに対し，道徳性も社会的強化の随伴性とモデルの観察という社会環境的な要因によって社会的に学習されるものであると主張したのがバンデューラ（Bandura）である（12章も参照のこと）．バンデューラは，行動，環境要因，および個人要因の三者は，相互に影響を与え合い，互いの決定因となるという相互決定主義の立場をとった．また，人は社会的環境の影響を一方的に受けるものではなく，反対に内的な欲求や動機のままに行動するのでもなく，それらの諸要因と相互作用しつつ，自己の行動を調整・制御する働きをもった存在であるとした．これを自己調整機能といい，バンデューラは特に重視していた．この自己

調整機能は，自己観察（自己の行為に対するモニター），評価・判断（モニターされた行為についての道徳的思考・判断），自己反応（判断によって生じた自己満足感や自責感といった感情的自己反応が基盤となった行為の表出や抑制の調節）というメカニズムとして説明される．

バンデューラはまた，自己調整機能が不活性化するメカニズムについても述べており，自分の個人的基準に反する行為をしたときに生じる自己非難を回避するための次の4つのメカニズムが示されている．①行為自体を解釈しなおすこと：戦争を国民のためというなどの「道徳的正当化」，人員解雇を企業の適正規模化というなどの「歪曲なラベリング」，テロ行為を圧制者の搾取的行為と比較して正当化するなどの「都合よい比較」，②因果作用の曖昧化：「責任の転嫁」や「責任の拡散」，③結果の無視・歪曲：大虐殺事件などの事実関係・規模を否定・矮小化，④被害者の価値づけ：アウシュビッツでみられたような相手を感情や気持ちをもった人間とみなさない「没人間化」，被害者に非難や責めを帰属する「非難の帰属」がそれである（明田，1992）．いくら道徳性の発達を促そうと働きかけても，このようなメカニズムにどう対処するのかという観点が抜けていれば，実際の行動は期待されるものとはかけ離れてしまいかねない．その意味で，現実の問題に切り込むための重要な視点だといえる．

以上のような3つの側面からのアプローチの貢献は道徳性の研究において非常に有用ではあるが，近年ではそれらを単一的に扱うのではなく，複合的にとらえた多元的なアプローチがアイゼンバーグ（Eisenberg）らによって試みられている．

3節 道徳教育のアプローチ

現在行われている道徳教育の授業は，あらかじめ設定された価値項目の内面

化を意図するもの，価値の明確化を迫るもの，ディスカッションを用いた価値葛藤の克服をねらうものの3つに大別されよう．

　1つめの価値項目の内面化を意図する教育実践は，アメリカのインカルケーション（Inculcation）に代表されるものである．これはアメリカ人格研究所の「人格教育カリキュラム（Character Education Curriculum：CEC）」の教材を用いて行われる．人間には普遍的な価値が存在するという前提のもとで，既存の社会に存在しているさまざまな規範や道徳的価値（徳目）を子どもたちに注入する特徴をもつ．このアプローチでは，教師による価値の押し付けやいわゆる徳目主義に走る危険性が指摘される．またハーツホーンとメイの研究結果（Hartshone & May, 1930）からは，道徳的価値を教えることと道徳的行為との関連性がないことなども指摘され，次第にこの授業方法は衰退してきた．とはいえ現在でも，徳目の注入をめざすという方法は日本の教育現場ではもっともポピュラーな道徳教育のアプローチであり，支配的である．

　2つめの価値の明確化を迫る授業実践は，上に挙げたような限界や危険性を克服するために登場した方法といってよい．この方法の特徴は，あらかじめ設定された価値内容を教えることを拒み，子どもたちが価値を獲得していく過程を重視し，個性的な価値観を引き出すことを狙っている点にある．子どもたちの興味をかきたて，授業への参加意欲を高めるという点においては大いに役立つし，多様な価値に気づかせることができる．しかし，そこで出される価値があまりに拡散し，道徳的に正当に受容できるものでない場合は逆に教師の不安を喚起したり，道徳的価値が表面的なものに終始したりする恐れがある．

　3つめの道徳的価値葛藤を用いた授業実践は，インカルケーション教育の限界や，価値の明確化の限界である価値の深化を克服するのにも有用である．これはコールバーグらの道徳的葛藤（モラル・ジレンマ）の解決を迫るディスカッション形式での教育が代表的である．コールバーグは，子どもたちにモラル・ジレンマを提示し，「どうすべきか」という当為をめぐる解決のために，ディスカッションを通して「なぜそのように考えるのか」を追求した．ここで

は，判断内容よりも一人ひとりの子どもの判断理由（形式）がもっとも重視される．

また，この指導方法の中心はあくまでも子どもたちにあり，教師の役割は援助者（facilitator）であって，教師の発言はあくまでもメンバーの一員としてなされるものであるとされる．また，役割取得の機会を多く求めることから，共感性の育成も促すことになるという長所がある．しかし一方で，道徳的な判断内容の軽視という限界も指摘され，アメリカはもとよりわが国においてもインカルケーションの再考という風潮につながっている．

この授業実践を成立させるための要件として，価値葛藤資料，道徳的討論，発問の仕方など，詳しくは櫻井（1997）にまとめられているので是非参照されたい．また，日本の教育現場にマッチングするよう多くの価値葛藤資料が開発されてきている（荒木，1988；荒木，1997 など）．

どのような教育理念や授業実践においても，長所と限界があり，絶対的に完全な方法論というのはありえないであろう．それぞれにおける部分的な欠点をとりあげてそのすべてを排斥するのではなく，長所を積極的に生かした形で教育実践に結び付けていくべきであると考えられる．わが国でも 2002 年の「心のノート」の導入以降問題として指摘されてきたことでもあるが，個々の教師は自らの道徳観や道徳性の発達段階を見極めるのと並行して，多様な指導方法を取り入れながら統合させる模索を続けていく必要がある．

引用文献

明田芳久（1992）「社会的認知理論—バンデューラ」日本道徳性心理学研究会（編）『道徳性の発達』北大路書房

荒木紀幸（1987）「『規範—基本判断』判定法に基づく道徳性の発達に関する研究」『日本道徳性心理学研究』2, 20-23.

荒木紀幸（1988）『道徳教育はこうすればおもしろい—コールバーグ理論とその実践』北大路書房

Hartshone, H. & May, M. (1928-1930) *Studies in the nature of character*, 1-3. New York : Macmilllan.

藤井恭子・鈴木眞雄（2005）『道徳教育に対する現職教員の意識からみた教員養成大学に

おいて必要とされる授業』愛知教育大学大学・附属学校共同研究会報告書
Kohlberg, L.（1969）Stages and sequence : The Cognitive-developmental approach to socialization. In Goslin, D.A.（Ed.）, *Handbook of socialization theory and research*. Chicago, Ill. : Rand Mcnally.（永野重史監（訳）（1987）『道徳性の形成―認知発達的アプローチ』）
Lyons, N.（1983）Two perspectives : On self, relationships and morality. *Harvard Educational Review*, **53**(2) 125-145.
Lyons, N.（1987）Ways of knowing, learning, and making moral choices. *Journal of Moral Education*, **16**(3) 226-240.
文部省（1999）『小学校学習指導要領解説―道徳編』大蔵省印刷局
内藤俊史（1987）「道徳教育」日本児童研究所（編）『児童心理学の進歩 26』金子書房
二宮克美（1984）「道徳性の発達」日本児童研究所（編）『児童心理学の進歩 23』金子書房
二宮克美（1985）「児童の道徳的判断に関する研究展望(1)」『愛知学院大学論叢（一般教育研究）』**33**, 27-41.
櫻井育夫（1997）『道徳的判断力をどう高めるか―コールバーグ理論における道徳教育の展開』北大路書房
Snarey, J.R.（1985）Cross-cultural universality of social-moral development : A critical review of Kohlbergian research. *Psychological Bulletin*, **97**, 202-232.
杉村和美（1999）「現代女性の青年期から中年期までのアイデンティティ発達」岡本祐子（編）『女性の生涯発達とアイデンティティ－個としての発達・かかわりの中での成熟』北大路書房
Piaget, J.（1930）*Le jugement moral chez I' enfant*.（大伴茂（訳）（1954）『臨床児童心理学Ⅲ　児童道徳判断の発達』同文書院
山岸明子（1976）「道徳判断の発達」『教育心理学研究』**24**, 97-105.

参考文献
木原孝博・大西文行（1999）『新訂道徳教育』放送大学教育振興会
小寺正一・藤永芳純編（1997）『道徳教育を学ぶ人のために』世界思想社
日本道徳性心理学研究会（編）（1992）『道徳性心理学』北大路書房
二宮克美（2000）「道徳性の仕組みと発達」多鹿秀継・鈴木眞雄（編）『発達と学習の心理学』福村出版
戸田有一（1997）「道徳性の発達」井上健治・久保ゆかり（編）『子どもの社会的発達』東京大学出版会

12章 学習の諸理論

 激しく移り変わる地球環境のもとで人間が生き延びることができたのは，過去の経験を生かして将来に備える学習能力があったからである．学習（learning）とは，単に机の上で教科書を開いて勉強することにとどまらない．
 それでは学習とは，心理学的にはどのように定義されるのだろうか．ここでは，「学習とは経験によって生じる，比較的永続的な行動や認知の変容」と定義しておこう．従来は経験の結果として行動が変化することが重視されていたが，最近では行動に加えて，知識，スキル，方略，信念などの人間の認知の変化も含めて学習をとらえる．行動の背後にある認知が変化すれば，それが行動の変化となって現れる可能性があるため，そこまで広げて学習を定義するのである．

1節　行動主義的学習観（連合理論の学習観）

 20世紀前半の心理学で隆盛を誇ったのが，ワトソン（Watson）に始まる行動主義およびそれに続く新行動主義である．ワトソンは，心理学を自然科学たらしめるために，客観的に観察・測定できる行動を研究対象とすべきであると主張した．したがって，意識や思考といった外部から観察できない内的過程は研究の対象からはずされた．そこでは，外部環境に存在する刺激と，生活体の観察可能な反応との間の結びつき（連合）がどのように形成されるのかという観点から，古典的条件づけと道具的条件づけという2種類の条件づけが主として研究された．

1. 古典的条件づけ

　ワトソンに強い影響を与えたのがパヴロフ（Pavlov）である．パヴロフはもともと消化腺の研究をしていたロシアの生理学者であったが，ふとしたきっかけで古典的条件づけと呼ばれる現象を発見した．その概要は次の通りである．

　イヌに最初メトロノームの音を聞かせる．初めてメトロノームの音を聞いたイヌは，耳をそばだてたり，音のする方を見たりといった定位反応を示す．さて，メトロノームの音を聞かせてその直後に，イヌの口に肉粉（ミートパウダー）を入れてやると，イヌは唾液を分泌する．そして，このメトロノームの音と肉粉との対提示を繰り返すと，ついには，イヌはメトロノームの音を聞いただけで唾液を分泌するようになる．つまり，メトロノームの音と唾液の分泌という反応とが新たに結びつけられたわけである．これが古典的条件づけである．

　イヌは肉粉を口に入れられると，無条件に唾液を分泌するので，この場合，肉粉を無条件刺激，唾液分泌を無条件反応という．メトロノームの音は，最初は中性刺激であったが，唾液分泌を誘発するようになると，条件刺激と呼ばれる．そしてメトロノームの音のみで生じた唾液分泌は，条件反応（条件反射ともいう）と呼ばれる．条件刺激と無条件刺激とを対にして提示することを古典的条件づけにおける強化という．

　古典的条件づけが成立して，メトロノームの音を聞いただけで唾液を分泌するようになったイヌに対し，今度は，肉粉の対提示をやめメトロノームの音だけを聞かせることを繰り返すと，次第に唾液の分泌量が減り，やがて唾液を分泌しなくなる．これが古典的条件づけにおける消去である．消去が起こってから，しばらく時間が経過した後に再びメトロノームの音を聞かせると，唾液の分泌が弱いながらも復活する．これを自発的回復と呼ぶ．

　古典的条件づけは，もちろん私たち人間とも密接な関係がある．たとえば，私たちの恐怖心は古典的条件づけにより生じることがある．ワトソンのアルバート坊やの実験（Watson & Rayner, 1920）を紹介しよう．生後11ヵ月のアル

バート坊やは，白ネズミと遊んでいた．その背後で，急に金属の乱打音を聞かせたところ，アルバート坊やは驚いて泣き出した．この手続きを，7回繰り返したところ，アルバート坊やは白ネズミを見ただけで怖がって泣き出した．しかも，その後は白いウサギ，あざらしの毛皮のコート，白いヒゲのついたサンタクロースのお面も怖がったのである（なお，現在ではこのような実験は倫理的に許されない）．このように，条件刺激と類似する刺激に対しても条件反応を起こすことを，般化という．この実験からわかることは，人間の恐怖心が古典的条件づけにより獲得される場合があるということであり，一般に，人間の情動的反応の形成には古典的条件づけが一役買っていることが多い．また，類似する刺激の一方には無条件刺激を伴わせ，もう一方には伴わせないことを繰り返すと，一方の刺激にだけ条件反応を生じるようになる．これを分化といい，類似する刺激間の弁別が行われたことを意味する．

2. 道具的条件づけ

(1) ソーンダイクの試行錯誤学習

ソーンダイク（Thorndike）は図12-1のような，問題箱と呼ばれる箱の中に，空腹のネコを入れた．箱の前にはエサが置かれており，それを食べたいネコは，箱の中でじたばたと動き回る．偶然，床のペダルを踏むと，扉が開き，ネコは外に出てエサにありつける．このネコを，再び問題箱の中に戻すことを繰り返すと，ネコが問題箱から出てくるまでの時間は徐々に短縮される．つまり，無駄な反応は減っていき，外に出るための正しい反

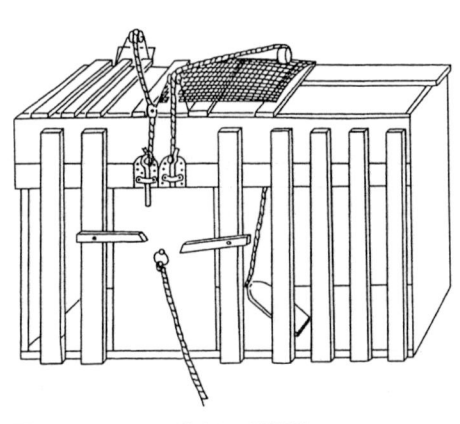

図12-1 ソーンダイクの問題箱(Thorndike, 1898)
出所）実森正子・中島定彦『学習の心理』サイエンス社, 2000年, p. 85

応が次第に早く起こるようになるのである．このような学習は試行錯誤学習と呼ばれるが，ある反応が満足をもたらしたなら，その反応は起こりやすくなるという効果の法則で説明される．また，この実験では，ネコがペダルを踏むことが，外へ出てエサにありつくための手段つまり道具となっているので，広義には道具的条件づけとも呼ばれる．

(2) スキナーのオペラント条件づけ

ソーンダイクの試行錯誤学習をさらに発展させ，体系化したのがスキナー(Skinner)である．スキナーは，スキナー箱と呼ばれる箱を用いて，主にネズミやハトを用いて研究した．

オペラント条件づけとは，ある自発的行動が行われたとき，外部から刺激を与えたり取り除いたりすることで，その自発的行動が増えたり減ったりすることである．刺激を与えることで自発的行動が増える場合を正の強化（例：お手伝いをして，親にほめられると，もっとお手伝いをするようになる）といい，この与えられた刺激（ほめること）のことを正の強化子という．刺激を取り除くことで自発的行動が増える場合を負の強化（例：お手伝いをすると，いつも小言ばかり言っている親が小言を言わなくなったとしたら，もっとお手伝いをするようになる）といい，この取り除かれた刺激（小言）のことを負の強化子という．刺激を与えることで自発的行動が減る場合を正の罰（例：いたずらをして，親に叱られたら，いたずらをしなくなる）といい，刺激を取り除くことで自発的行動が減る場合を負の罰（例：いたずらをして，3時のおやつを取り上げられたら，いたずらをしなくなる）という．なお，負の強化と罰とを混同する誤りが多くみられるので注意が必要である．

犬がたまたま「お手」をしたらエサを与えられたとしよう．その犬はますます「お手」をするようになるが，ある時から「お手」をしてもエサが与えられなくなったとしたら，やがてその犬は「お手」をしなくなるだろう．このように，オペラント条件づけを行った行動に対し，強化するのを中止すると，やが

てその行動は起こらなくなる．これがオペラント条件づけにおける消去である．

　罰と消去はどちらも自発的行動の頻度を減少させる．罰には即効性があるが，他の自発的行動まで抑制したり，罰がなくなったら抑制されていた自発的行動が再び現れたり，攻撃行動や不適応行動を誘発することもあるので，罰は可能な限り用いないことが望ましい（実森・中島,2000）．

　動物にある凝った芸を仕込もうとするとき，動物が自発的にその芸をすることはあまり期待できない．そこで，目標とする芸に至る道のりを小刻みに分けて，易から難へと段階的に芸を仕込んでいくような方法をシェイピング（行動形成）という．たとえば，水族館のイルカに，空中に吊された輪をくぐり抜ける芸を仕込むとしよう．まず，イルカが輪の下に来た時にすかさずエサを与えると，イルカは輪の下に来るようになる．次に，イルカが水面上から顔を出したときにエサを与えるようにし，さらに，イルカが水面上でジャンプしたらエサを与えるというように，エサを与える基準を目標行動に少しずつ近づけていき，段階的にオペラント条件づけを行っていくのである．シェイピングではスモール・ステップの原理と即時強化の原理が重要である．このようなシェイピングの考えを人間の学習に応用したのがプログラム学習である．

　ある自発的行動が生じたら常に強化する場合，これを連続強化という．ある自発的行動を時々強化する場合を部分強化という．常識的に考えると，連続強化された行動の方が強化の総数が多いので消去されにくいと思われるが，実際には部分強化された行動の方が消去されにくい．これを部分強化効果という．ギャンブルの深みにはまりこんだ人が，なかなかやめられないのはこの部分強化効果のせいかもしれない．

2節　認知論的学習観

　行動主義的学習観では，条件づけにより刺激と反応との連合を形成すること

が学習だと考えられたが，そのような考え方では十分に説明できない事実もある．たとえば，にがい薬を飲まされて吐き出していた子どもが，薬の必要性を理解してきちんと飲むようになるとき，このような行動の変容を条件づけでは説明できない．薬に対する見方が変わったから行動が変化したのである．このように，学習とは認知の変容であると考えるのが認知論的学習観である．

1. ケーラーの洞察学習

　ゲシュタルト心理学者ケーラー（Köhler）は，さまざまな動物の知能や問題解決行動を調べていた．たとえば，天井に吊されたバナナを，あるチンパンジーは木箱を積み重ねて踏み台としてよじ登り，バナナを取ることに成功した（檻の外にあるバナナを棒を用いてたぐり寄せるというバージョンもある）．このチンパンジーは，あれこれと試行錯誤しながらというより，バナナを取るという問題事態に直面して，まるで「ハッ」とひらめいたかのごとく，行動したのである．このようなひらめきを洞察と呼ぶ．洞察が生じるためには，まずものの見方が変化しなければならない．木箱が踏み台に使えるという発想の転換が必要である．ケーラーの観察によると，洞察を得る前のチンパンジーは，じっとしたまま，自分の置かれている状況全体をつぶさに観察したという．状況を観察するなかで，バナナを取るためには木箱を重ねて，踏み台にすればよいのではないかという見通しを得たのであろう．言い換えれば，バナナを取るという自分の目標を達成するために，どのような手段を用いればよいかを，自分の置かれている状況の全体構造を把握するなかで洞察したのである．このような一瞬にしてひらめく洞察は，試行錯誤しながら少しずつ進む試行錯誤学習とはまた別の種類の学習とされる．

2. トールマンの潜在学習

　認知論の契機とされるもうひとつの研究が，トールマン（Tolman）の潜在学習についての研究である．

行動主義的学習観では行動の変容がみられて初めて学習が成立するとされる．しかし，トールマンの実験では，行動の変容がみられなくても学習が潜在的に成立していたのである．その実験を説明しよう．彼はネズミを用いた迷路学習を行った．3つの実験群がある．A群では，迷路の最終地点に置かれた目標箱に到達するたびにエサが与えられる．B群では，目標箱に到達してもエサが与えられない．C群では，最初の十試行は，目標箱に達してもエサが与えられないが，第十一試行目からはエサが与えられる．A群は，試行を重ねるごとに，目標箱に達するまでの時間が短縮される．迷路の道順を学習したのである．B群は，走行時間がほとんど短縮されなかった．これに対し，C群では，エサの与えられない最初の十試行では走行時間はあまり短縮されなかったが，エサの与えられた第十一試行目からは急激に走行時間が短縮され，その後わずか二試行でA群と同じくらいの走行時間になったのである（図12-2）．つまり，最初の十試行の間に，走行時間の短縮はみられなかったけれども，ネズミの頭のなかには迷路の道順を表す地図（認知地図）が形成されていたと考えられるのである．もしこの間に何も学習されていなかったのなら，その後のたった二試行で急激に走行時間が短縮されるはずはない．トールマンによればこの

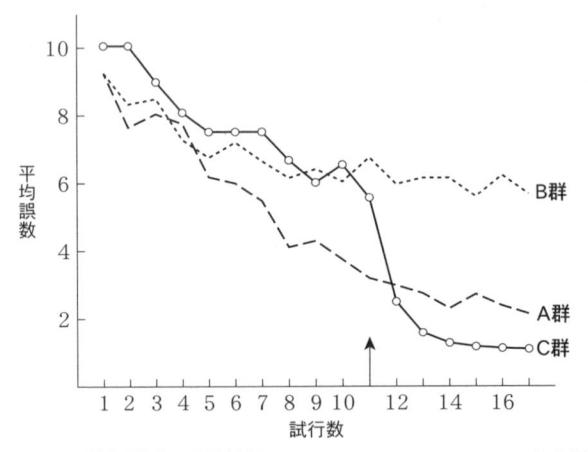

図12-2　潜在学習の実験結果（Bower & Hilgard, 1981 = 1988を改変）

ような認知地図の形成が学習に他ならない．認知地図の形成そのものには強化は不要であり，このような学習は条件づけの枠組みでは説明できない．ただし，認知地図を利用した行動が遂行されるためには強化が必要である．このように，認知地図の形成という学習の成立と，学習された事柄の遂行とを明確に区別したのである．潜在的に学習されていたことが行動として表に現れるためには，強化される必要があるのである．

3. バンデューラの観察学習

　たとえばテニススクールへテニスを習いにいくとしよう．初心者はまず，ラケットの振り方をマスターするために，お手本となるコーチのフォームをよく見なければならない．そしてコーチと同じようにラケットを振ってみる．お手本通りにできていれば，コーチは「そうそう，その調子」とほめてくれる．そこで「なるほどこのように振ればいいのか」と納得する．これは，模倣学習の過程を表している．模倣学習とは，お手本（モデル）となる行動を観察し，その通り行ってみて，それを強化されることで成立する学習である．私たちはこのように，他者の行動からいろいろと学ぶことができる．

　それでは，観察者は必ず強化されることが必要だろうか．バンデューラ(Bandula)によれば，私たちは他者の行動を観察するだけで，実際に行動してみなくても，直接に強化されなくても，その行動を学習することができるという．このような学習を観察学習と呼ぶ（モデリングという語もほぼ同義で使われる）．バンデューラほか（1963）の実験をみてみよう．大人の女性が，たたくと前後に揺れる空気で膨らませた大きな人形に，殴る蹴る等の攻撃行動を仕掛けているのを見た4歳前後の男女の保育園児たちは，あとで同様の状況におかれたとき，先の大人と同様の攻撃行動を示した．大人の攻撃行動をあらかじめ見せられていなかった統制群の子どもたちは，それほど攻撃行動を示さなかったので，この結果は，大人の攻撃行動をただ観察しただけで子どもたちがそれを学習したことを示す．バンデューラたちは，同時にモデルの提示様式も操

作した．先の大人の攻撃行動をフィルムに撮って，そのフィルムを見せる条件や，動物の格好をした人物が攻撃行動を行うフィルムを見せる条件も設定されていた．そしてどちらの条件もやはり統制群よりも多くの攻撃行動を示した．このことから，子どもの攻撃行動の観察学習は，攻撃行動を実際に見なくても，テレビなどで見ても生じる可能性があるし，アニメのキャラクターの行動から学習する可能性もあることがわかる．特に男の子はアニメキャラクターの影響を受けやすかった．幼少時の暴力番組の嗜好性と，10年後の攻撃性との相関を調べたエロンほか（Eron et al., 1972）の研究は示唆的である．8, 9歳の子どもたちを対象にして行った調査によれば，8, 9歳の頃暴力番組を好んでみた男の子たちは，そうでない子たちよりも，10年後の追跡調査でクラスメートから攻撃性が高いと評価されていた（女の子ではこのような結果は得られていない）．あくまで相関研究なので結果の解釈には慎重を要するが，子どもの頃暴力番組を好んでみていたかどうかということが，10年後の攻撃性を予測したのである．最近も，暴力的なテレビゲームが攻撃行動の増大をもたらすことが報告されている（Anderson & Bushman, 2001）．

　また，モデルの行動に対する強化や罰が（モデルが受ける強化や罰のことおよびそれらが観察者に与える影響を代理強化や代理罰という），観察学習にどのような影響を与えるかを，4歳前後の保育園児を用いて実験したバンデューラ（1965）によれば，モデルの行動が罰せられたときよりも，強化されたときの方が，観察者は観察した行動を実行しやすかった．このことは，観察学習に代理強化や代理罰の影響があることを示している．しかしさらに調べたところ，モデルの行動が罰せられるのを観察した条件でも，観察による行動の獲得そのものは生じていた．つまり代理強化・代理罰は観察学習の成立そのものに影響するのではなく，観察学習により獲得された行動が実際に遂行されるかどうかに影響するのである．これはトールマンの潜在学習のメカニズムと類似している．このことから示唆されるのは，他者の行動を観察するだけで，潜在的にその行動が学習されているのであれば，子どもが暴力行動をテレビで見て，

すぐに暴力行動を表さなかったからといって，安心することはできないということである．いつか同様の状況に置かれたときその観察された行動が遂行されるかもしれないからである．

3節　認知心理学による学習研究

　認知論的学習観の考えは，1950年代後半に成立した認知心理学に引き継がれた．学習とは認知の変容であるという認知論的学習観が，認知心理学のパラダイムを得て，より深く研究されるようになったのである．認知心理学は，人間の認知をコンピュータの情報処理に見立てた情報処理的アプローチを採用したことにより，認知過程のモデル化を可能にした．

　認知心理学では「知識の獲得」を学習の中心に位置づける．しかし，知識の獲得によって知識の量が増加するだけではなく，知識構造そのものが変化することにも注意しなければならない（森, 2001）．知識には，宣言的知識と手続き的知識とがある．宣言的知識とは，個人的体験や事実，概念についての知識である．たとえば，「私は昨年3月に〇〇高校を卒業した」，とか「月は地球の惑星である」などである．手続き的知識とは，何かを行う方法，手続きについての知識である．物理学の問題を解く時や，自転車に乗る時などに用いられる．

1. 宣言的知識の獲得

　まず宣言的知識の獲得過程について考えてみたい．最初に知っておくべきことは，知識を獲得するためには，それに先立つ知識が利用されるということである．私たちが新しい知識を獲得するとき，全くの白紙の状態でそれを受け取るわけではない．むしろ，今もっている知識（既有知識）のなかに，新しい知識を取り込んでいくという形で学習は進行する．当該領域の知識体系（スキーマと呼ばれる）を用いて，あれこれ積極的に推理しながら，新しい知識の意味

を見出し，既有知識と関連づけてそれを取り込むことができたとき，知識が獲得され，学習が成立する（ピアジェの同化に相当する）．ここで大切なことは，個々の知識をバラバラに取り込むのではなく（つまり丸暗記しようとするのではなく），因果関係，階層関係，類似関係，対比関係などに注目し，知識を構造化していくことである（市川，1995）．西林（1994）の挙げている例であるが，「山形県は果物の産地である」という個別知識も，「昼夜の気温差が大きいところでは甘くておいしい果物ができる」という法則的知識に，「山形県は内陸部が多く，昼夜の気温差が大きい」という両者を結びつける接続用知識を用いて因果関係を明らかにすることで，知識が構造化され，確かな理解がもたらされるのである．個別知識だけをバラバラに取り入れてもすぐに忘れ去られることは誰もが経験している．もしも，既有知識を新しい知識とうまく関連づけられない場合には，既有知識そのものを再構造化する必要があるだろう（ピアジェの調節に相当する）．なお，有意味な学習材料を既有知識と関連させて取り込んでいく学習のあり方をオーズベルは有意味受容学習と呼んだ．そして，この有意味な学習材料の受容を促進するために，学習者に前もって与えられる予備知識を先行オーガナイザーという．

2. 手続き的知識の獲得

次に，手続的知識の獲得について述べよう．宣言的知識は，意識的なアクセスが可能であるが，手続的知識はしばしばそれが困難である．手続き的知識の獲得はスキル（技能）の獲得でもある．そこでは時間をかけた練習が不可欠である．

アンダーソン（Anderson, 1983）によれば，手続き的知識の獲得は，①宣言的段階→②知識の翻訳の段階→③手続き的段階という順に進むとされる．宣言的段階とは，まだ全くの習い始めの段階で，ものごとの手順などをいちいち宣言的知識から呼び出して，意識化しながらでなければことを進められない段階である．車の教習所に通い始めた頃は，運転手順を頭の中に1つひとつ思い浮

かべながら運転するのではないだろうか．この段階ではスキルの実行に時間がかかり，ぎこちない印象を与えるだろう．次の知識の翻訳の段階では，練習の結果，いちいち宣言的知識を参照しなくても，手続き的知識を直接用いることができるようになる．これは，宣言的知識が，徐々に手続的知識に置き換わってきた結果である．そして，何度も繰り返して練習するうちに，個々の手続きがより大きな単位にまとめられていき，一連の動作が可能になる．車の運転でいえば，初心者の頃であろうか．最後の自動的段階では，手続き化された知識を，さらに練習，実行してゆくことで，正確さと迅速さが増していく．この段階まで来れば，もうベテランドライバーで，同乗者と会話しながらでも楽に運転できる．このとき，1つひとつの運転操作は意識されていないだろう．

4節　状況的学習論

学習に対するひとつの新しい考え方として，状況的学習論がある（Lave & Wenger, 1991）．状況的学習論では，学習は各人の頭の中で生じる個人的なプロセスというよりも，他者や道具を含む環境との相互作用が営まれるその状況に埋め込まれた形で生じると考える．たとえば，私たちが外国語を学習する場合，その言葉が用いられる自然な状況から切り離された国内で学習するよりも，しばらくの間その外国へ行って実際にその言葉が用いられている状況に身をおいた方が，上達が早いことがある．この場合私たちの学習は状況と切り離して考えることはできない．

状況的学習論は，本物の活動や実践を重視し，学校という特殊な文化のなかで現実の状況から切り離して行われる学習を疑問視した．状況的学習論においては，ある実践共同体への正式な新参者（弟子）が親方や兄弟子たちに導かれつつ（といっても必ずしも手取り足取り教えられるわけではないが），はじめは単純で周辺的な仕事を任され，それから徐々に中心的な仕事を担ってゆき，ついには一人前となり（十全的参加），やがて自分も親方になり弟子を育てる

といった，正統的周辺参加と呼ばれるこのプロセスこそが本来の学習のありかたなのだと説く．確かに，状況的学習論の主張は職業的技能を身につける過程をうまく述べており，日本の伝統芸能における「技」の習得過程（生田，1987）などとも共通点がある．

　学校で学んだことを社会に出てから役立てることができなかったり，学校で学ぶことの必要性を実感できなかったりすることがあることを考えると，状況的学習論の主張を学校に生かすためにはどうすればよいかが検討されねばならない．そのためには学校教育においても，学習内容と実生活との関連づけや，他者との関わりのなかでの協同学習などを重視する必要がある．しかし状況的学習論の考えを学校に適用するのは必ずしも容易ではなく，今後の課題といえる．

　状況的学習論は，私たちの学習が状況に依存しているため，学習したことをそれとは異なる状況において生かすのが難しいということを述べているともいえる．ある状況で学習したことを異なる状況で生かすというのは，いわゆる学習の転移の問題である．

5節　学習の転移

　以前に学習したことが，その後の学習に何らかの影響を及ぼすことを，学習の転移と呼ぶ．後の学習を促進する場合を正の転移，妨害する場合を負の転移という．正の転移の例としては，先に英語を学習しておくと，後のドイツ語の学習が容易になることが挙げられる．負の転移の例としては，日本で右ハンドルの車を運転していたが，外国で左ハンドルの車を運転したときに，つい運転操作を誤ってしまうといったことが挙げられる．

　学習においては，いかにして正の転移を起こすかが重要な課題となる．転移を起こす要因をめぐって古くから2つの有力な説がある．ソーンダイクの同一要素説では，先行学習と後続学習に含まれる要素の類似性が転移をもたらすと

いう．また，ジャッド（Judd）の一般化説によれば，先行学習で獲得された一般原理が転移をもたらすという．最近では，問題解決における類推（アナロジー）の視点から転移研究が行われるようになった．そこでは，見かけは異なるが基本構造を同じくする2つの問題の間で，転移が起こるかどうかが調べられた．その結果，基本構造の同一性を見抜くことは必ずしも容易ではなく，転移は起こりにくかった．学習者がある特定の状況（文脈）にとらわれてしまうと，転移が妨げられる．そこで，学習に際しては，多様な文脈を呈示し，脱文脈化を促すことが重要である．

転移の起こりやすさはまた，学習者のメタ認知と関係する．メタ認知とは，自分の認知過程そのものを一段高いところから客観的に認知することである．学習者は自分の学習の状態を絶えずモニターし，転移をもたらす学習方略を適切に使用できているか自分でチェックする必要がある．既習内容と未習内容をどのように関連づければよいのか，両者の類似点と相違点はどこなのか，背景にある一般原則は何か，といったことを学習者が自らに問いかけながら，すなわちメタ認知を働かせながら学習することが転移を促すのである．

メタ認知を十分に働かせた学習は，自己調整学習と見なされる．すなわち，自分の学習スタイルや学習能力を考慮しながら，「私は，この授業では，○○がわかるようになることを目指そう」と目標を立て，これを実現させるための方略を用い，現在の理解状態をモニターしながら，目標達成に近づいていくような学習である．学習者が自らの学習の進め方に深く関わる，このような自律的な学習こそが，理想的な学習の姿であるといえよう．

引用文献

 Anderson, C. A. & Bushman, B.J. (2001) Effects of violents video games on aggressive behavior, aggressive cognition, aggressive affect, physiological arousal, and prosocial behavior: A meta-analytic review of the scientific literature. *Psychological Science*, **12** (5), 353-359.

 Anderson, J.R. (1983) *The architecture of cognition*. Cambridge, MA: Harvard University Press.

Bandula, A. (1965) Influences of models' reinforcement contingencies on the acquisition of imitative responses. *Journal of Personality and Social Psychology*, **1**, 589-595.

Bandula, A., Ross,D. & Ross, S.A. (1963) Imitation of film-mediated aggressive models. *Journal of Abnormal and Social Psychology*, **66**, 3-11.

Bower, G.H. & Hilgard, E.R. (1981) *Theories of learning*. 5th ed. New York: Prentice Hall. (梅本堯夫(監訳)(1988)『学習の理論(上・下)―原書第5版』培風館)

Eron, L.D., Huesmann, L.P., Lefkowitz, M.M. & Walder, L.O. (1972) Does television violence cause aggression? *American Psychologist*, **27**, 253-263.

生田久美子 (1987)『「わざ」から知る』東京大学出版会

市川伸一 (1995)『学習と教育の心理学』岩波書店

実森正子・中島定彦 (2000)『学習の心理』サイエンス社

Judd, C. H. (1908) The relation of spatial intelligence. *Educational Review*, **36**, 28-42.

Köhler,W. (1917) *The mentality of apes*. Berlin : Royal Academy of Sciences. (宮孝一(訳)(1962)『類人猿の知恵試験』岩波書店)

Lave,J. & Wenger, E. (1991) *Situated learning : Legitimate peripheral participation*. (佐伯胖(訳)(1993)『状況に埋め込まれた学習―正統的周辺参加』産業図書)

森敏昭 (2001)「学習とは・教育とは」森敏昭(編著)『21世紀を拓く教育の方法・技術』協同出版, pp. 11-28.

西林克彦 (1994)『間違いだらけの学習論』新曜社

Thorndike, E. L. (1898) Animal intelligence : An experimental study of the associative processes in animals. *Psychological Review Monograph Supplements*, **2** (4, Whole No. 8).

Thorndike, E. L. & Woodworth, R. S. (1901) The influence of improvement in one mental function upon the efficiency of other functions: Functions involving attention, observation and discrimination. *Psychological Review*, **8**, 553-564.

Thorndike,E.L. (1911) *Animal intelligence*. New York : Macmillan.

Tolman, E.C. & Honzik, C.H. (1930) Introduction and removal of reward and maze performance in rats. *University of California Publications in Psychology*, **36**, 221-229.

Watson, J.B. & Rayner, R. (1920) Conditioned emotional reactions. *Journal of Experimental Psychology*, **3**, 1-14.

13章 動機づけと学習

　近年わが国では，いわゆる"学力低下"といわれる問題がひとつの議論の的となっている．学力問題を考える際重要なことは，どの程度できたかという"結果としての学力"だけではなく，それを支える"学習への意欲"に注目することであろう．学びへの内的エネルギーである学習への意欲がなければ，どのような能力をもった子どもでも豊かな学習を経験することは難しい．本章では，このような学習を支える意欲，すなわち動機づけの意義と役割について考える．

1節　動機づけとは

　子どもが学習に積極的に取り組むためには，その行動を支え，導く心理的要因が必要である．このような要因を学習への動機づけと呼ぶ．動機づけとは，個人の行動を一定の方向に生起させ，維持，調整させる過程のことをいう．けんめいに宿題に取り組むとき，授業で先生の話に耳を傾けているとき，子どもは学習に対して動機づけられているといえる．学習への動機づけの内容や程度によって，学習の過程や学習成果は大きく異なる．

1. 2つの動機づけ

　一般に子どものもつ動機づけは，外発的動機づけと内発的動機づけの2つに大別される．外発的動機づけとは，親や先生から叱られるのがいやだから，あるいは認められたいから勉強する，などであり，他者や社会からの統制や罰，評価や競争などによって動機づけられるものである．一方内発的動機づけと

は，課題や活動自体への興味により学習するものであり，活動そのものに報酬が内在化していると考えられる．

2. 動機づけの発達的変化

では，子どもの動機づけは発達に伴ってどのように変化するのであろうか．新井（1995）は，発達に伴い，子どもの動機づけは質的に変化しうることをモデル図において提起している．小学校の低学年においては賞罰による動機づけが高く，中学年，高学年においては規範意識による動機づけが強くなるという．そして中学の段階では，進学や就職など，自己の目標実現のための動機づけが強まるようになる．これは実証的なデータに基づくものではないが，発達の各段階において優位となる動機づけの内容が異なる可能性を示す興味深い指摘であろう．

もともと私たちの内発的動機づけは，乳児の選好注視実験などで示されている知的好奇心がその源泉であると考えられる．生後 2, 3 ヵ月の乳児にさまざまな刺激図版を提示し，その注視時間を測定したところ，単純な刺激ではなく，より複雑な刺激を好んで注目する傾向がみられた．このことから，人間には生得的に，複雑な，好奇心を引く刺激を好む傾向があると理解できる．

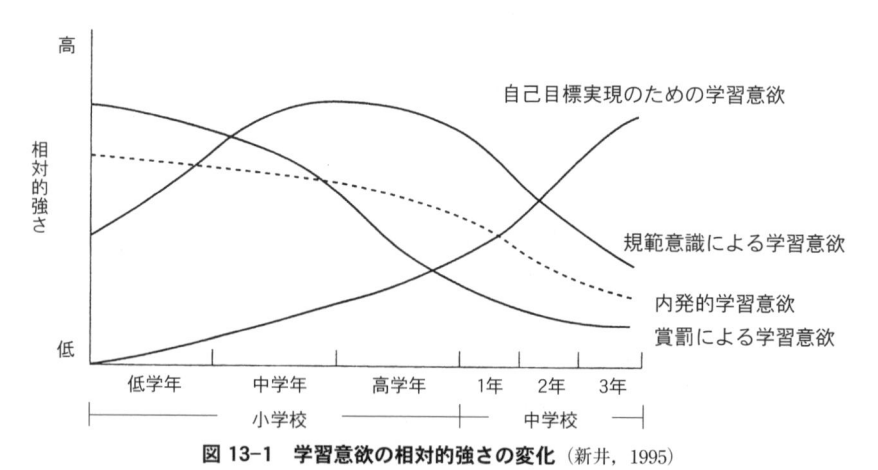

図 13-1　学習意欲の相対的強さの変化（新井，1995）

2節　動機づけを理解する枠組み―動機づけの諸理論

　子どもの動機づけはどのようなプロセスで生起するのだろうか．心理学では，動機づけについて認知的要因を主ととらえる立場，欲求的要因を主ととらえる立場，情動的要因を主ととらえる立場がある（鹿毛, 2004）．次に，これまでの動機づけ研究の主要な理論を概観しよう．これらの研究は，子どもの動機づけプロセスの理解や，その改善や促進への重要な示唆を含んでいる．

1. 原因のとらえ方―帰属理論

　テストで予想よりも悪い点しかとれなかったとき，私たちは，「勉強しなかったせいだ」，あるいは「自分は頭が悪いから」など，さまざまな理由を考える．このように，出来事の成功・失敗の原因を推論する過程のことを原因帰属と呼ぶ．

(1) ワイナーの原因帰属理論

　同じ成功あるいは失敗という結果であっても，個人がその原因を何に求めるかによって，次回の課題への動機づけや行動は異なる．ワイナー（Weiner, 1980）は達成動機づけの原因帰属理論を構築し，個人の原因帰属過程と動機づけに関する体系的理論を提唱した．彼によれば，原因帰属の次元は統制の位置（原因が自分の内側にあるか外側にあるか）と安定性（原因が時間を越えて安定したものかどうか）の2次元から構成され，代表的な帰属因である能力，努力，課題の困難度，運の4つの帰属因は，各帰属次元の組み合わせによって位置づけられる．統制の位置次元は，原因が自分の内側にあるか外側にあるかに関わることから感情的側面（自尊感情や恥など）に影響し，一方安定性次元は，その原因が時間的に安定したものか不安定なものかに関わることから次回への期待の側面（成功・失敗の見通し）に影響するという．このことから，テストで悪い点を取ったなどの失敗事態では，努力不足に帰属し，いい点数を取

ることができたなど成功事態では能力に帰属することが，次への動機づけを高めるといえる．

　その後ワイナーは，新たに統制可能性次元（原因が自身の力で統制可能か否か）を加え，3次元8要因の原因帰属理論を提唱している．統制可能性次元は，責任の認知やそれに伴う怒りの感情に影響するため，近年のワイナーの帰属理論では向社会的行動や道徳的判断など，より社会的な領域に焦点を当てるようになっている（Weiner, 2006）．

(2) 原因の考え方を変える―再帰属訓練

　「勉強なんてできっこない」「やるだけ無駄だ」．このように，勉強に対してやる気がなく，苦手意識をもっている子どもは，勉強ができないことを自分の能力不足に帰属しがちである．失敗を自身の能力不足に帰属する傾向は，自尊心を低め，次回成功することへの期待を低下させるため，実際に次なる失敗を招く，といった悪循環に陥りやすい．このような場合，失敗の原因に対する考え方を，能力という内的・安定的要因から，努力という内的・不安定的要因に変えることによって，動機づけの改善を試みることが必要である．

　ドゥエック（Dweck, 1975）は，算数が特別苦手な12名の子どもを対象に，帰属の仕方を変えることで動機づけを改善する再帰属訓練を行った．25日間，毎日15回，算数の課題に取り組む．子どもたちは以下の2グループに分けられた．①成功経験群：課題の難易度が低く，どの問題でも必ず正解できる，②再帰属訓練群：5回に1回の割合で困難課題に直面し失敗経験をする．その際実験者が失敗は能力不足のためではなく努力が足りなかったためだと教示し，努力するよう励ます．実験の結果，再帰属訓練によって，失敗を経験した後に無気力に陥らず，粘り強く課題に取り組む傾向がみられるようになった．一方，成功経験群では，成功できるときは問題ないが，一度失敗を経験すると，以前と同じようにやる気を失い，無気力な行動傾向を示すことが示唆された．帰属の仕方を変えることで，子どもの課題に対する動機づけが改善されたこと

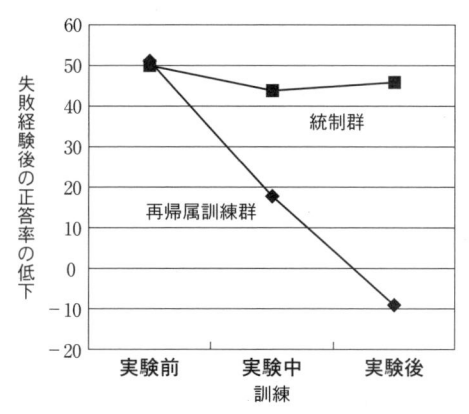

図13-2 再帰属訓練による失敗経験後の正答率の低下（Dweck, 1975）

がわかる．

2. 何を目標にするか―目標理論

　勉強のとらえ方は，子どもによってさまざまである．「友だちからばかにされない」ことをめざして宿題に取り組む子どももいれば，「自分の力を試す」ためにテスト勉強をがんばる子どももいる．

　近年の動機づけ研究では，このような学習に対する目標志向から子どもの学習過程を理解する達成目標理論に関する研究が数多く行われ，ひとつの主流となっている（たとえば Dweck, 1986 など）．達成目標理論にはいくつかの立場があり（詳しくは上淵, 2004 などを参照），よく知られたものに熟達目標（mastery goal；学習において熟達することや挑戦することを目標とするもの）と遂行目標（performance goal；学習においてよい成績をとることや低い能力評価を避けることを目標とするもの）がある．熟達目標をもつ子どもは，学習すること自体に興味・関心をもっているため，困難な問題に対してもやりがいを感じ，粘り強く取り組む．一方遂行目標をもつ子どもは，自分の能力の評価や，他者比較に焦点が当てられている．そのため，難しい問題では，もしできなければ能力が低いことを示してしまうため，早くあきらめる傾向が強いと考えられる．

最近の研究では，達成目標を，このような熟達対遂行という次元に加え，接近－回避次元という新たな視点から，子どもの達成目標を理解する試みがなされている (Elliott & McGregor, 2001)．熟達－接近目標 (mastery-approach goal) とは，課題を理解し獲得することへの目標であり，「勉強がわかるようになりたいから」などがこれに当たる．一方，熟達－回避目標 (mastery-avoidance goal) は，課題を十分に理解，習得しないことを避ける目標であり，「きちんと理解できないのがいやだから」などの理由を指す．また遂行－接近目標 (performance-approach goal) とは，相対的な評価や能力を求める目標であり，「友だちよりよい成績をとりたいから」などが相当する．遂行－回避目標 (performance-avoidance goal) とは，他者比較や相対基準での無能感や劣等さを避ける目標であり，「周りから頭が悪いと思われたくないから」といった理由である．これまでの研究では，学業やメンタルヘルスなどに対して，熟達－接近目標ではポジティブな影響が，一方遂行－回避目標ではネガティブな影響が示されている．

表 13-1　接近－回避アプローチによる達成目標の分類 (Elliot & McGregor, 2001)

	個人内/絶対的規準	相対的規準
正（接近）	熟達接近目標 （例：わかるようになりたいから）	遂行接近目標 （例：よい成績がとりたいから）
負（回避）	熟達回避目標 （例：習得できないのがいやだから）	遂行回避目標 （例：無能だと思われたくないから）

3節　外発から内発へ―自己決定理論

　子どもの内発的動機づけは重要なものであるが，現実の教育場面を考えるならば，内発的動機づけだけで教育を行うことは不可能に近い．重要なことは，

はじめは他者との比較や手段的な動機づけだったとしても，学習に取り組むプロセスにおいて，いかに課題そのものへの興味や関心を促し，外発的な動機づけから内発的な動機づけへと変容させていくかであろう．

自己決定理論は，このような外発的動機づけと内発的動機づけとの有機的な結びつきを概念化し，実証したものである．デシとライアン（Deci & Ryan, 1985；2002）は，これまで対立的，対照的にとらえられてきた外発，内発の動機づけをひとつの連続帯上に位置づける視点を理論化した．外発的動機づけを自己決定の程度により4つの段階に分類し，その質的差異を議論している．

もっとも自己決定性の低い外的調整段階では，外的な強制や刺激のみによって動機づけられる．「教師に叱られるから」といった理由で学習する場合がこれであり，行動が外的な統制力に依存している状態である．次に，取り入れ的調整段階では，「やらないと不安だから」といった理由による動機づけであり，"内的な統制や罰"により動機づけられている状態である．ここでは，外的な統制に依存しているわけではないため，やや自己決定の程度は高くなる．

第3に，同一化的調整の段階では，学習者自らの目的と一致した理由により動機づけられるものである．「目標とする大学に入りたいから」といった理由で学習するような動機づけがこれに当たる．手段的ではあるが，課題の価値や重要性を認識した動機づけであるため，自己決定の程度は比較的高い．そして第4に，統合的調整の段階では，同一化段階からより進んで，行動が学習者の欲求，価値観などと，意識的だけではなくより深いパーソナリティのレベルで一致しており，他のパーソナリティ構造と不一致のない動機づけの状態をいう．

そして内的調整の段階では，課題や活動そのものに対する純粋な興味・関心に基づく内発的動機づけとなる．その特徴は，活動の始発・維持が自律的になされており，行動が課題そのものを目的としてなされていることがあり，もっとも自己決定の程度が高い状態である．「国語で文章を読み，考えるのが好きだから」といった動機づけは内的調整段階にあるといえる．このような外的調整段階から内的調整段階へと移行する動機づけの変容過程をデシとライアン

動機づけのタイプ	非動機づけ	外発的動機づけ				内発的動機づけ
調整の段階	非調整	外的調整	取り入れ的調整	同一化的調整	統合的調整	内的調整
行動の質	非自己決定的					自己決定的

図13-3 自己決定の連続体としての動機づけ段階（Deci & Ryan, 2002）

(1985;2002) は動機づけの内在化 (internalization) と名づけた．

　これらの動機づけの内在化を促すためには，自律性支援，コンピテンス，関係性の感覚の3つの基本的欲求を満たす教育環境を設定することが重要である (Deci & Ryan, 2002)．児童・生徒が学習課題やその評価を自ら選択・判断し，その自己決定を教師が教室において支援すること，そして適度な難易度の課題への取り組みによって児童・生徒が有能さを感じられるよう設計すること，最後に教師や友人など重要な他者から受容され，クラスへの所属感を感じられるような働きかけを行うことが，児童・生徒の動機づけを外発から内発へと変容させるために必要である．

4節　教室で育てる動機づけ

　それでは，教室において子どもの動機づけを高めるにはどうすればよいだろうか．教室のなかには教師，友人，課題など，さまざまな要因が介在しており，それらを子どもの動機づけを高めるために計画，設計する必要がある．次に，子どもの動機づけの促進のためのクラス構造に関わる研究をみていこう．

1. 動機づけを高めるクラス構造

　教室の環境には教師や課題などのさまざまな要因が介在しており，それらが子どもの動機づけの形成や促進に深く関わっている．教室の多様な心理的要因を概念化し，動機づけとの関連を検討した例として，エプステイン (Epstein,

1989) の TARGET 構造が挙げられる．TARGET とは各構造の頭文字から名づけられたもので，6つの次元から構成される．

まず課題（Task）構造では，生徒の関心や好奇心を惹きつける新奇性や多様性，有意義さをもっていることが重要である．次に権限（Authority）構造では，クラスでの意思決定の権限を生徒がもつこと，選択とともに，責任をもつ機会を提供することが求められる．報酬（Reward）構造は，生徒が自分自身の進歩，達成を確認，評価し，動機づけるための過程である．相対的な評価を避け，個人内の規準や到達度を評価することが重要である．グルーピング（Grouping）構造では，多様な生徒が学校での学習や課題に動機づけられるための，さまざまなレベルでのグループづくりの次元である．授業場面だけではなく，学校での諸活動において，特に友人どうしの肯定的な相互作用を促進し，共感的なかかわりやスキルの獲得を促す．評価（Evaluation）構造では，学校における学習や行動の評価規準を明確にし，向上のための情報を伝達するものである．最後に，時間（Time）構造とは，生徒が課題を達成するためのスケジュールに関わる次元を指す．時間的な柔軟性をもつとともに，課題達成に必要な時間を生徒に与えることなどに関わっている．

このような6つの多様な構造から教室における生徒の動機づけを理解し，促進する観点は，現実の複雑で多様な要因が介在する教室場面では有益なものであろう．

2. 教室の人間関係と動機づけ過程

教室は単に個人で学習をするための場ではなく，教師や友人とさまざまな関わりや相互作用をもちながら，生活し成長してゆく場である．教室場面においては，教師や友人との人間関係のあり方が，子どもの動機づけにも大きく影響していることが考えられる．次に，近年動機づけ研究で注目されている，人間関係と子どもの動機づけ過程に焦点を当てた社会的目標研究について議論してゆこう．

表 13-2　学習への動機づけを高める教室のTARGET構造 (Maehr & Anderman, 1993)

TARGET領域	焦点	目的	目的可能な方略の例
課題（Task）	学習課題がどのように構造化されているか——生徒が何をするよう求められているか	・学習課題の内発的魅力を高める ・学習を有意義なものにする	・生徒の背景や経験に関連した教授を促す ・出席や学業成績，達成に対する（金銭やその他の）授与を避ける ・目標設定と自己調整を促進する ・学習経験を重要なものにする特別クラスプログラムを使用する
自律性（Autonomy/Responsibility＊）	学習や学校での意思決定への生徒の参加	・生徒に選択と責任を負うための最適な自由を提供する	・課題を行う際，選択肢を与える ・学校生活に対する生徒の感想を求め，真剣に受け止める ・生徒が学習の主導権をもち，自ら評価することを励ます ・すべての生徒がリーダーシップをもつ機会を作る
承認（Recognition）	学校における承認と報酬の性質と使用	・すべての生徒が学習のために承認される機会を提供する ・目標達成における進歩を承認する ・挑戦の希求と革新を承認する	・"個人のベスト（personal best）"の賞賛を促す。"栄誉名簿（honor rolls）"を強調しない ・幅広い生徒の学校関連の活動を承認し公表する
グルーピング（Grouping）	学校における学習と経験の組織化	・すべての生徒を受容し理解する環境を構築する ・社会的相互作用の範囲を拡大する（特にリスクのある子どもに対して） ・社会的スキルの発達を促進する	・協同学習，問題解決，意思決定への機会を提供する ・友人間の相互作用の時間と機会を認める ・重要な相互作用が起こりうる（チーム，学校，学校内などの）サブグループの発達を促進する ・友人間の相互作用の幅を広げるため，多様な集団のメンバーシップを奨励する ・能力別クラスを削減する
評価（Evaluation）	評価とアセスメント手続きの性質と使用	・プロセスに対して成績をつけ，通知をすること ・標準化テストの使用に関わる実践 ・目標と規準の定義	・規範的な評価規準（成績やテスト得点など）の公的な参照を避けることで，達成の社会的比較の強調を避ける ・生徒にパフォーマンス（例　学習スキル，授業など）を改善する機会を設ける教育政策と手続きを確立する ・学習における生徒の進歩を表す採点や成績通知の方法を構築する ・評価のプロセスに生徒が参加することを奨励する
時間（Time）	学校における1日のスケジューリング	・学習課題と生徒のニーズをスケジュールに入れることを認める ・学習課題への生徒の関与を拡張的で有意義なものにする機会を提供する	・可能な限り，生徒が自分のペースで進歩することを許容する ・学習経験のスケジュールに柔軟性をもたせる ・例えばブロックスケジューリングなどを通して，教師により大きな時間の使い方の権限を与える

注）＊Epstein（1988）では権威（Authority）であるが，内容的にはほぼ同一である．

(1) 教師−児童・生徒関係と動機づけ

　教師は教室において授業や学級経営を主導する，主たる勢力資源である．教室において教師が子どもとどのような関係をもつかは，子どもの動機づけに対して直接，間接に大きな影響を及ぼす可能性がある．

　これまでの教育心理学研究において，教師−生徒関係と子どもの動機づけの関連について明らかにした重要なものに，ブロフィほかによる教師期待効果研究がある（Brophy & Good, 1974）．教師が子どもに対してもつ期待形成の程度は，教授行動に違いが生じさせ，結果として子どもの動機づけや学業成績にも重要な影響を及ぼすという．この研究は，教室において教師がもつ子どもへの認知が，どのようなメカニズムで実際に子どもの達成に影響するのかを実証したものであり，教室場面における認知と行動の複雑な関わりや，教師と児童・生徒の相互作用の重要性を示唆している．教室場面では，教師というひとりの人間がクラスの40名もの子どもをまとめ，学級という単位で学習やそれ以外の活動へと主導する．その際，教師が学級運営の観点から個々の子どもの特性やパーソナリティに関する何らかの印象や期待の形成はごく自然に起こることである．教室という社会的状況において，教師がもつ期待が偏りのない公正なものであるかは常に教師自身や教師集団が振り返るべき課題だといえるだろう．

(2) 友人関係と動機づけ

　教師−児童・生徒関係が，教師というある種の権威者というタテの関係であるのに対し，友人との関係は，権威関係にはない同輩どうしのヨコの関係である．友人とのかかわりは学校の内外の幅広い領域にわたり，子どもの学校生活に大きな影響を与えている．友人との良好な関係は，学校への適応を高め，学習動機づけにも積極的な影響をもちうる．一方，友人からの孤立や敵対は，学業不適応や攻撃的行動など，学業的，社会的な不適応に結びつく可能性がある（Ladd, 2005）．

表13-3　高期待・低期待生徒に対する教師行動の差異

(ブロフィとグッド (1974) などを基に浜名ら (1988) が構成)

教師行動	高期待生徒	低期待生徒
正答に対する賞賛	多い	少ない
誤答に対する叱責	少ない	多い
不適切な反応に対する賞賛	少ない	多い
手がかりの付与	多い	少ない
フィードバックの付与	多い	少ない
不適切なフィードバックの付与	少ない	多い
努力の要求	多い	少ない
ほほえみ・視線	多い	少ない
応答を待つこと	多い	少ない
公的指名	多い	少ない
指名の変更	少ない	多い
座席の配置	教師に近い	教師から遠い
与える学習形態	介助多い	介助少なく自主学習
相互作用のタイプ	公的	私的
境界線上の答案の解釈	有利に解釈	不利に解釈

　友人関係と学業達成との影響過程は必ずしも単純なものではないが，それを理解するための枠組みとして，2つの観点を提起することができる．まず，友人を学習のモデルとしたピア・モデリング (Schunk, 1987) である．友人は，子どもにとって学習活動を共有する機会が多く，有益なモデルとなる．友人の勉強のやり方をまね，よりよい学習のスキルを獲得することは，課題の理解や習得に重要な役割を果たす．教師や親からのモデリングに比べ，ピア・モデリングがもつ特徴，長所は，モデリングの対象が子どもにとって諸特性の類似度が高い友人であるため，知識やスキルの獲得を同一化しやすく，学習を促進しやすいことである．

また友人は，難しくてなかなかわからない問題のやり方を教えてもらう，あるいは授業で重要だと指摘された部分を確認するなど，学業的な援助が必要な際に，援助を求めることができる身近な対象である．このような学業的援助要請（academic help-seeking）の際に，友人は重要な役割を果たすことが知られ，近年研究が積み重ねられている（Karabenick & Newman, 2006）．

子どもの学習における友人とのかかわりを重視するこれらの観点は，友人支援による学習（peer-assisted learning）と呼ばれ，教育心理学研究において注目が集められている分野である（Topping & Ehly, 1998）．友人間の2者関係や小集団活動を活用し，友人との協同，援助の授受，モデリングなどを媒介した学習過程は，子どもが集団で学ぶ教室現場での学習を理解する上で重要なものと考えられる．

3. 社会的責任目標と動機づけ過程

学校において子どもたちは，「いい友だちを作りたい」「自立した人間になりたい」など，さまざまな社会的な目標志向性をもって生活している．ウェンツェル（Wentzel, 1991）は，これまで達成目標研究が学業領域に限定されてきた問題を指摘し，子どもたちは学業的，社会的領域を含む多様な目標をもつこと，そして社会的，人間関係的な目標が教室における達成に重要な意味をもつことを提起している．また道徳性や対人関係能力などの社会的コンピテンス自体が，学業達成と並んでアメリカの公教育における重要な教育目標であり，それらの達成自体が教育において求められていることを強調している（Wentzel, 1991）．

中谷（2006）は，社会的規範や役割期待を守るという社会的責任目標（social responsibility goals）が，教室における教師－児童・生徒関係および友人関係を媒介して，学習への動機づけや学業達成に影響する過程をモデル化し検討している．その結果，子どもの社会的責任目標は，社会的責任行動を導くことで教師や友人からの受容を促進し，学業達成に対して積極的な影響をもつことが明

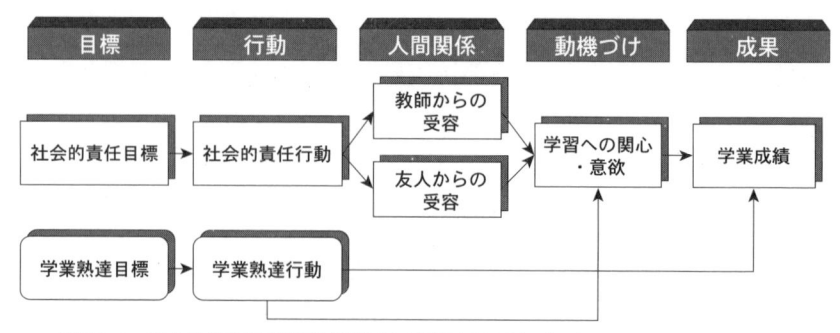

図13-4 社会的責任目標が学業達成に影響を及ぼすプロセス（中谷，2006を修正）

らかにされた．一方これまでの達成目標研究で扱われてきた学業熟達目標では，直接的に動機づけや学業成績に結びついており，社会的責任目標のように人間関係を媒介した影響過程はみられなかった．

また，子どもの社会的責任目標を高めるためには，教師の児童・生徒に対する高い期待（Wentzel, 2002）や，説得的規範教授，親和的働きかけ（中谷，2006）が重要であることが示唆されている．子どもの社会的コンピテンスと学業達成との両面に積極的な効果をもつことが示されている社会的責任目標の促進は，多様な教育的価値の求められる教室現場での実践に有意義な視点を提供するであろう．

引用文献

新井邦二郎（1995）「『やる気』はどこから生まれるか　学習意欲の心理」『児童心理』2月号臨時増刊, pp. 3-11.

Brophy, J. E. & Good, T. L.(1974) *Teacher-student relationships: Causes and consequences.* New York: Holt, Rinehart & Winston.（浜名外喜男・蘭　千尋・天根哲治（訳）（1985）『教師と生徒の人間関係　新しい教育指導の原点』北大路書房）

Deci, E. L. & Ryan, R. M.（1985）*Intrinsic motivation and self determination in human behavior.* New York: Plenum Press.

Deci, E. L. & Ryan, R. M.（Eds.）（2002）*Handbook of self-determination research: Theoretical and applied issues.* Rochester, New York: University of Rochester Press.

Dweck, C. S.（1975）The role of expectation and attributions in the alleviation of learned helplessness. *Journal of Personality and Social Psychology,* **31**, 674-685.

Dweck, C. S. (1986) Motivational process affecting learning. *American Psychologist*, 41, 1040-1048.
Elliot, A. J. & McGregor, H. A. (2001) A 2 × 2 achievement goal framework. *Journal of Personality and Social Psychology*, 80, 501-519.
Epstein, J. L. (1989) Family structures and student motivation. In R. E. Ames & C. Ames (Eds.), *Research on motivation in education, Vol. 3. Goals and cognitions*. New York: Academic Press, pp. 259-295.
鹿毛雅治 (2004)「『動機づけ研究』へのいざない」上淵寿 (編著)『動機づけ研究の最前線』北大路書房
Karabenick, S. A. & Newman, R. S. (Eds.) (2006) *Help seeking in academic settings: Goals, Groups and contexts*. Mahwah, NJ: Lawrence Erlbaum.
Ladd, G. W. (2005) *Children's peer relations and social competence. A century of progress.* Yale University Press. CT: New Haven.
Maehr, M. L. & Anderman, E. M. (1993) Reinventing schools for early adolescents: Emphasizing task goals. *Elementary School Journal*, 93, 593-610.
中谷素之 (2006)『社会的責任目標と学業達成過程』風間書房
Schunk, D. H. (1987) Peer models and children's behavioral change. *Review of Educational Research*, 57, 149-174.
Topping, K. & Ehly, S. (Eds.) (1998) *Peer-assisted learning*. Mahwah, NJ: Lawrence Erlbaum.
上淵寿 (2004)「達成目標理論の最近の展開」上淵寿 (編著)『動機づけ研究の最前線』北大路書房
Weiner, B. (1980) *Human motivation*. New York: Holt, Rinehart and Winston. (林 保・宮本美沙子 (監訳) (1989)『ヒューマン・モチベーション―動機づけの心理学』金子書房)
Weiner, B. (2006) *Social motivation, justice, and the moral emotions: An attributional approach*. Mahwah, NJ: Lawrence Erlbaum.
Wentzel, K. R. (1991) Social competence at school: Relation between social responsibility and academic achievement. *Review of Educational Research*, 61, 1-24.
Wentzel, K. R. (2002) Are effective teachers like good parents? Teaching styles and student adjustment in early adolescence. *Child Development*, 73, 287-301.

14章 授業過程と学習

1節 授業過程

1. 授業過程とは何か

　学校教育において子どもの学習は，授業を中心に進められる．授業という営みは，教師と子ども，子どもと子どもとのかかわりあいに根ざしている．授業とは何かを考えるとき，子どもと教師のどちらの側に力点をおくかによって大きく2つの考え方があり，古くから議論が交わされてきた．学ぶ側に力点をおけば，授業は子どもを主体とした活動によって進められることになり，教える側に力点をおけば，授業は教師が主導して行うものということになる．いずれの考え方をとるにしても，授業が成立してゆく流れには，まず，授業の目標を掲げ，計画を立てる段階，次に，授業を実施する段階，そして，授業を振り返り，成果を評価する段階があるものと考えられる．実践についての振り返りは，次の目標や計画，授業そのものに生かされることで，循環の過程をなしてゆくのである．

　「授業過程」とは，授業が実際に進められる段階のことをいうが，これらの一連の流れの全体を広くとらえて考えることもできるであろう．授業は，子どもとのかかわりあいによって成り立つものであり，どのように進んでゆくかについて予測できない面を含んでいる．教師は，授業を進めながら絶えず振り返りを行い，その都度，目標や計画を修正したり組み直したりして，よりよい実践となるよう努力を傾けてゆくのである（2章も参照のこと）．

2. 授業過程を規定するもの

　授業は，教師と子どものかかわりあいによって成立するものであるが，そのやりとりには教材（学習内容）が介在する．そして，大きくみれば，教師と子どもを取り巻く環境全体が授業を支えているものといえる．授業過程は，子ども，教師，教材（学習内容）のあり方に規定されて展開するものであり，1回1回の授業は，それぞれの特性が複雑に絡み合うことで成り立っている．表14-1は，授業過程に影響をもたらす特性についてまとめたものである．授業について考えたり振り返ったりする際に，このように多くの特性が，教師と子どものかかわりあいのなかで，影響を及ぼし合っているということをおさえておく必要がある．

　次の節では，授業のあり方自体を構成するものである授業理論のいくつかを取り上げて説明する．教師は，当該科目のねらいや内容，子どもの実態などに即し，ふさわしいと考える授業理論に基づいて，授業を創り出してゆく．どのような授業理論に基づくのかによって，授業のありようは大きく異なってくるであろう．

表14-1　授業過程に影響を与える特性（多鹿，1999をもとに作成）

カテゴリー	具体的特性
子ども	教材に関する先行知識 教材への動機づけ 自分や教師・教材に対する信念 教師や友人との関係
教師・教材	授業目標の設定レベル 教材に関する教師の知識（難易度や熟知性） 子どもや学級集団に関する教師の知識 授業理論 授業形態 授業のテクノロジー（教材・教具）の理解 学習成果の測定と評価

2節 授業理論

1. プログラム学習

「プログラム学習」は，学習の個人差を踏まえたもので，学習内容を細かく分解しておき，1つずつ順に習得できるように配列をしておくというものである．小さな課題を与え，それに対する反応を求め，正誤の情報を知らせる，ということを系統的に繰り返すことで学習の成立をはかろうとする．オペラント条件づけの理論を提唱したスキナー（Skinner）によって創案された授業理論である．

プログラム学習の基本原理は表14-2のようにまとめられる．スモール・ステップによって学習者は正しい反応を行う可能性が高くなり，即時フィードバックによって反応はさらに強められる．成功経験とその確認を繰り返す手続きは学習者の動機づけを高めていくことになる．加えて，積極的反応と自己ペースに基づくことで，より確実に，そして，効果的，効率的に学習が展開していくことになる．これらの基本原理が成立するためには，入念な準備が必要であり，どのような学習内容をどのような順序で配列していくか（プログラムのあり方）にその成否がかかっている．

スキナーによって開発されたプログラム学習は，すべての学習者が同じ内容を同じ順序で進めていくものであり，「直線型プログラム」と呼ばれている．

表14-2　プログラム学習の基本原理

スモール・ステップ	最終的な目標に向けて学習内容を細かなステップに分けておき，一歩一歩着実に学習できるようにする．
積極的反応	外に見える行動（話す，書く，実演するなど）という形で学習者が自発的に反応するように働きかける．
即時フィードバック	学習者の反応（解答）に対して，即座に正誤の情報（KR: knowledge of result）を知らせるようにする．
学習者ペース	学習者の個人差に合わせて，自分にとって最適なペースで学習が進められるようにする．

これに対し，学習者の誤りのパターンや学習履歴に応じて学習のプログラムを複線的に分岐させておく「枝分かれ型（クラウダー型）プログラム」と呼ばれるものがある．近年，コンピュータの進展がいちじるしいが，学習者の特性に合わせたコースを設定する学習プログラムの作成が容易になってきている．コンピュータによる学習指導のことを「CAI (computer-assisted instruction)」というが，そこではプログラム学習の原理が利用され，人工知能研究の成果も取り入れながら開発が進められてきている．

2. 完全習得学習（マスタリー・ラーニング）

　ブルーム（Bloom）は，学習者の特性や授業の質を考慮し，学習に要する十分な時間を保障すれば，どのような学習者であっても授業内容を完全に理解できると考えた．完全習得学習とは，すべての学習者が授業内容を完全に習得することをめざす学習のことをいう．

　完全習得学習では，評価のあり方が大きな意味をもっており，どのくらい習得できているかについて「形成的評価」と「総括的評価」によって確かめられる．「形成的評価」とは，教育プログラムの途中の段階で，子どもが内容をどのくらい理解できているのかを把握するものである．今後の指導に生かすために実施される評価である（「指導と評価の一体化」）．学習内容を詳細に分析し細分化した上で，形成的評価を繰り返し行い，学習が不十分な子どもには補充指導を行うようにする．この手続きを徹底することで完全習得をはかろうとするのである．教育プログラムが一通り終了した時点で，総括的評価がなされるが，これは，全体としての成果を調べるものである．

3. 有意味受容学習

(1) 有意味受容学習

　オーズベル（Ausubel）は，新しい知識を意味のあるものとして受容していく「有意味受容学習」の重要性を指摘している．教師が一方向的に説明を行う

講義形式の授業は，子どもにとって受動的な学習となりがちであると考えられてきた．しかし，オーズベルは，知識の獲得を，学習者がすでにもっている知識と照らし合わせ，理解をし，取り入れる能動的なプロセスであるとしている．新しく学ぶ内容とすでに持ち合わせている知識とを橋渡しするような枠組み（スキーマ）をあらかじめ与えることが，知識の獲得を促すのに有効であり，このような枠組みのことを「先行オーガナイザー」と呼んでいる．「先行オーガナイザー」は，これから学習しようとする内容が包摂できる抽象的で一般的な枠組みのことであるが，大きく分けて2種類のものがある．

1つは「説明オーガナイザー」である．学ぶ事柄がなじみのないものである場合に，その概要や全体的な構造を情報として与えることである．あらかじめ学習内容の骨格をつかんでおけば，理解はしやすくなる．たとえば，文章読解において，いきなり本文に入るよりも事前に要約を読んでから入ったほうが，読みは深まりやすいだろう．

もう1つは「比較オーガナイザー」である．すでに学んだ内容と新たに学ぶ内容の類似点と相違点が明確になるような情報を与えることである．授業のはじめに，以前に学習した内容を取り上げて類似点や相違点を明らかにしておくことで新しい学習内容は理解されやすくなる．

さらに「図式オーガナイザー」と呼ばれるものがある．学習する基本的な概念や，学習の手順を図式化したものを，あらかじめ与えるようにし，学習の全体像が把握できる，いわば「学習マップ」を提供するというものである．これを応用した学習指導法に「概念地図法」がある．

(2) 概念地図法

ノヴァックとゴーウィン（Novak & Gowin）によって提唱された「概念地図法」は，オーズベルの有意味受容学習の流れを汲むものである．この学習指導法では，学習者は，図14−1に示すように，概念と概念の間を結合詞で結んでいく．知識のネットワークの構造を目に見える形で表現していくことで，概念

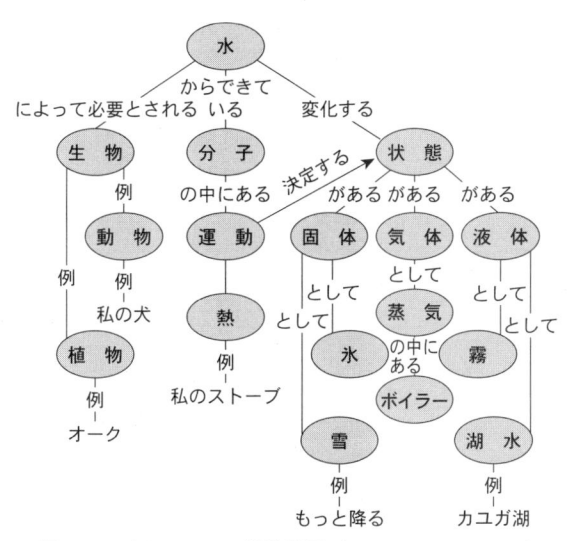

図14-1 水についての概念地図 (Novak & Gowin, 1984)

と概念の関係について理解を深めることができるのである．

「概念地図法」の特徴としては，学習する前後の知識の状態を教師も子ども自身も視覚的に把握できること，表現するという手続きによって知識の構造を見つけようとする動機づけが促されること，単元全体の構造に対して学習した内容の位置づけが明確になることなどが挙げられる．

4. 発見学習

(1) 発見学習

1960年代初めにブルーナー（Bruner）によって提唱された授業理論である．ブルーナーは，自然科学教育において，教師が知識を教え込むのではなく，学習者自らが法則や原理を発見し，科学的思考を身につけていくことの重要性について指摘をしている．

これは，科学の知識が発見され生み出された過程を学習者に再体験させるこ

とであり，科学者や研究者が法則や原理を見出すのと同等の知的活動を学習者のなかに生起させようとするものである．教師の役割は，子どものなかに科学的な探究の過程が生じるような環境を整えることにある．

　発見学習の手順としては，①学習課題の把握，②仮説の設定，③仮説のねりあげ，④仮説の検証，⑤発展とまとめ，という流れが考えられている．①は，問題場面のなかから発見すべき課題を子どもたちに明確にとらえさせる段階である．②では，与えられた資料や新しい資料に基づいて課題解決の仮説を立てる．③の段階では，仮説を一貫性のある筋の通ったものにし，具体的な検証の方法や条件を考える．④で，事実の資料と照合したり，証明や実験をしたりして，仮説を検証する．⑤の段階で，発見した法則や概念を高次の問題場面に適用し発展させ，仮説検証で得られた事柄を最終的に統合し，結論を出すことになる．

　発見学習による授業には次のような特徴がみられるとされる．①問題解決に役立つ知的能力を身につけることができる．②発見の技法を学ぶことができる．③学ぶことそのものが目的となる内発的動機づけが高まる．④学習内容が長く記憶にとどまりやすい．これらの一方で，発見学習にふさわしい学習内容が限られてしまうこと，理解を得るまでに時間がかかること，すべての子どもが「発見」に興味をもって取り組めるかどうか，といった難しさもある．

(2) 仮説実験授業

　わが国においても発見学習と同じような考え方をとる「仮説実験授業」とよばれる授業方法が，板倉（1966）によって考案されている．科学者の発見の歴史を授業のなかで再現するというもので，一般的に「問題→予想→討論→実験」の4つの段階で構成される．この一連の過程は，「授業書」という形で提示されるが，たとえば，図14-2のようなものが用いられる．

　授業の具体的な流れとしては，まず，問題が示され，子どもたちは選択肢を手がかりにして結果を予想する．教師は，子どもたちの予想をまとめ，それぞ

れの選択肢を選んだ人数の分布を板書し，フィードバックする．そして，子どもたちは，自分が予想した理由を説明したり，異なる予想をした子どもの考えに反論したりして討論を展開する．討論の途中で予想を変更することもでき，場合によっては，予想と人数分布のフィードバックを再び繰り返すこともある．討論が一通り行われた後，どれが正しいか，実際に実験を行い，仮説を検証する．このような過程を通して，科学的な知識と仮説演繹的な思考が深められ，実験による検証の態度が養われるものと考えられている．

〔研究問題３〕
はじめに，コップの中に水をいれて，その中に氷をうかべて重さをはかります．
それからしばらくしたら，氷がすっかりとけて水になります．そのとき，もういちど重さをはかったらどうなるでしょう．

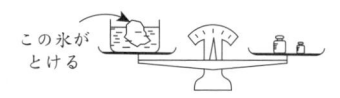

予　想
ア　とけるまえより重くなる．
イ　とけるまえよりかるくなる．
ウ　とけるまえとかわらない．

討　論　どうしてそう思うか，みんなの考えをだしあいましょう．

実　験　氷の準備ができたら，じっさいにやってみましょう．

実験の結果

図14-2　仮説実験授業における授業書の例（板倉, 1966）

3節　授業形態

1．3つの授業形態

　授業の目標や計画によってさまざまな授業形態がとられる．大きく分けると，一斉授業，個別授業，グループ学習を取り入れた授業の３つのものがある．一斉授業とは，クラスのすべての子どもたちに対して，同じ内容，同じ方法，同じペースで指導していくものであり，通常の教室において一般的になされている授業形態である．個別授業とは，一人ひとりの子どもに対して，それ

それに課題を与えたり指導を行ったりする授業のあり方である．授業のなかで学習グループを導入する場合,「等質編成」によるものと「異質編成」によるものの2つの形態が考えられる．

「等質編成」とは，学習速度，習熟度，学習スタイル，興味・関心など，同じような学習適性をもつ子どもたちをグループにして指導を行う考え方である．実践の例としては，適性処遇交互作用（ATI）の発想に基づいて学習グループを組織すること，習熟度別のグループを構成して指導を行うこと，発展学習において興味・関心による学習コースを準備することなどが挙げられる．「等質編成」の特徴は，同じような特性をもつ子どもたちを対象とするため，学習上のねらいや方法，内容が明確となり，個に応じた指導を行うことが容易になるという点にある．

「異質編成」は，できるだけ異なった特性をもつ子どもどうしがグループとなるようにするものである．特別活動などで取り入れられる縦割り集団（異年齢集団）は，「異質編成」の考え方に基づいている．「異質編成」の特徴は，異なった特性をもつ子どもどうしのかかわりを通して，ものの見方や考え方を広げ，仲間のよいところを認め，協力し助け合うことで，協調性や社会性を身につけることができる点にある．

以上のようなグループ編成の特徴を生かした授業形態として，次に，「バズ学習」と「ジグソー学習」について紹介することにする．

2. グループ学習
(1) バズ学習

塩田（1989）は，一斉授業にグループでの討議を取り入れた学習指導法として「バズ学習」を提唱している．バス（buzz）とは蜂がぶんぶんという音のことで，グループでの話し合いの様子を表している．その手順は，まずは各自で課題に取り組み，自分の意見をまとめ，疑問点をはっきりさせておく．次に，小グループに分かれ，子どもがリーダーとなり，意見交換を行う（バズセッシ

ョン).ここでは仲間どうしのやりとりが中心になるため,遠慮することなく,活発な討論が展開され,また,個別に意見をまとめているので,それぞれが自分の考えを出し合うことで,議論が深まっていく.その後,各グループの結論を持ち寄り,全体としての討論を行い,そして,まとめと確認を行う.バズ学習は,グループ内での協同を重視し,教科の学習と子どもどうしの交友とをともに進展させることをめざすものである.

(2) ジグソー学習

「ジグソー学習」は,アロンソンほか(Aronson et al., 1978)が考案した授業形態である.手順としては,まず,クラスの子どもたちを 5, 6 人のグループ(ジグソー・グループと呼び,基本となる集団単位である)となるように構成する.次に,それぞれのグループからひとりずつが集まり,新たなグループ(カウンターパート・グループと呼び,専門家集団のようなもの)を構成する.いくつかの部分に分割できる学習課題が準備され,それぞれの課題がこのカウンターパート・グループに割り当てられる.分割された各課題は,ジグソーパズルのピースに相当するものといえる.カウンターパート・グループのメンバーは協力して担当した学習課題に取り組み,しっかりと習得をする.その後,カウンターパート・グループは解散し,もとのジグソー・グループに戻り,仲間のメンバーに習得した内容を伝えるようにする.各メンバーは,いわば,それぞれの分野の専門家のようなものであり,順に互いに教え合っていくことで,ジグソーパズルの完成,すなわち,学習課題のすべてを完了させることをめざすのである.「ジグソー学習」は,すべての子どもに役割と責任を与えるものであり,メンバーの一人ひとりが,専門家として,なくてはならない存在となるものである.このような学習の形態によって,子どもたちの自尊感情が高まり,学習効果もみられることが明らかにされている.

4節　自己調整学習—自ら学ぶ力

1. 自ら学ぶ力と生きる力

　日本の学校教育では「生きる力」の育成が今後の教育目標とされている．「生きる力」の知的側面は，「確かな学力」として提起されているが，知識・技能に加え，自分で課題を見つけ，自ら学び，主体的に判断し，行動し，よりよく問題を解決する資質や能力のことをいう．変化の激しい現代社会においては，学校で学ぶ知識や技能だけでは不十分であり，生涯学習の基盤となる「生きてはたらく知識」「主体的に学びつづける力」を身につけることが求められている．このような「自ら学ぶ力」の問題は，「自己調整学習（self-regulated learning）」の研究として，理論的，実証的な検討が進められてきている．

2. 自己調整学習とは

　自律的な学習を，総合的，統合的にとらえようとする考え方として，近年，欧米を中心に「自己調整学習」の理論が注目されている．ジマーマンとシャンク（Zimmerman & Schunk, 2001）によると，「自己調整」とは，「学習者が，メタ認知，動機づけ，行動において，自分自身の学習過程に能動的に関与していること」とされる．「メタ認知」とは，自らの認知についての認知のことであるが，学習上の計画を立てたり，進み具合を自己評価したりといったメタ認知活動のことをいう．「動機づけ」は，たとえば，高い自己効力感でもって学習に取り組んでいるかどうかということである．自己効力感（self-efficacy）とは，「ある結果を生み出すために必要な行動をどの程度うまくできるか」という個人の確信のことをいう．「行動」の側面には，学習しやすい環境を整えたり，学習の進んでいる友だちにサポートをもらったりすることなどが含まれている．つまり，自己調整学習とは，メタ認知，動機づけ，行動の面で，自己調整の機能を働かせながら学習を進めていくあり方のことをいう．

3. 自己調整学習の過程

　自己調整学習の過程は，図14-3のような「予見」「遂行コントロール」「自己省察」の3段階で構成される循環的な過程として考えられている．「予見」の段階とは，実際の遂行に先行するもので，活動の下準備をする過程のことをいう．「遂行コントロール」の段階とは，学習中に生じる過程であり，注意や活動に直接，影響を与える過程のことである．「自己省察」の段階は，遂行後に生じる過程のことであり，自らの努力に対して反応をなす過程のことである．

　学習場面に入る際，「予見」の段階において，学習者は，何らかの目標をもっており，また，成し遂げることに対する自己効力感や課題についての興味の程度もさまざまである．ここで，どのように学習を進めていくかについて計画が立てられる．「遂行コントロール」の段階では，学習や動機づけに影響を与える「学習方略（学習を効果的に進めていくための方法のこと）」が実行される．遂行がうまくなされるように注意の焦点化，自己教示，自己モニタリングが行われる．「自己省察」の段階になると，学習者は，自己評価という重要な過程に携わるようになる．自分の学習成果が基準をどのくらい満たしたかにつ

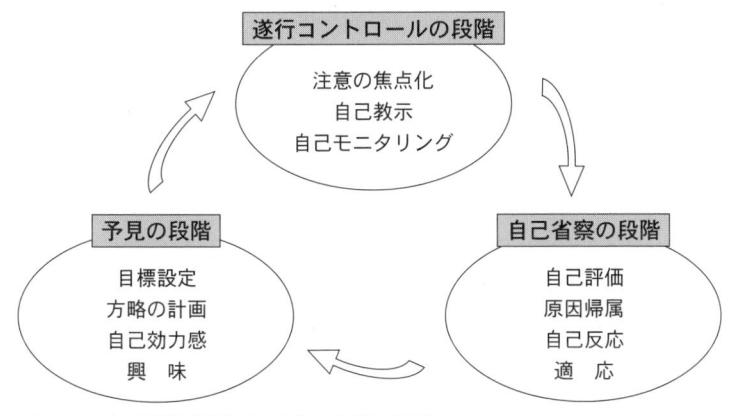

図14-3　自己調整学習における3段階の過程（Schunk & Zimmerman, 1998をもとに作成）

いて自己評価をし、そして、なぜうまくいったのか、あるいは、うまくいかなかったのかについて考える（原因帰属）。自分の能力や努力によって成功したと考えれば、肯定的な自己反応をもたらすであろう。方略に問題があれば、修正がなされるであろう。「自己省察」の結果は、次の「予見」の段階に反映され、循環的な過程として成立していく。このような自己調整学習のサイクルの展開を促す教育実践や学習支援のあり方は、わが国の教育において重視されている「自ら学ぶ力」「確かな学力」の育成につながるものといえるだろう。

引用文献

Aronson, E., Stephan, C., Sikes, J., Blaney, N. & Snapp, M.（1978）*The jigsaw classroom.* Biverly Hills, CA: Sage Publications.

板倉聖宣（1966）『未来の科学教育』国土社

Novak, J. D. & Gowin, D. B.（1984）*Learning how to learn.* New York: Cambridge University Press.（福岡敏行・弓野憲一（監訳）（1992）『子どもが学ぶ新しい学習法―概念地図法によるメタ学習』東洋館出版社）

Schunk, D. H. & Zimmerman, B. J.（Eds.）（1998）*Self-regulated learning: From teaching to self-reflective practice.* New York: The Guilford Press.

塩田芳久（1989）『授業活性化の「バズ学習」入門』明治図書

多鹿秀継（編）（1999）『認知心理学からみた授業過程の理解』北大路書房

Zimmerman, B. J. & Schunk, D. H.（Eds.）（2001）*Self-regulated learning and academic achievement: Theoretical perspectives.* Mahwah, NJ: Lawrence Erlbaum Associates.

参考文献

Ausubel, D. P.（1963）*The psychology of meaningful verbal learning: An introduction to school learning.* New York: Grune & Stratton.

Bloom, B. S., Hastings, T. H., & Madaus, G. F.（1971）*Handbook on formative and summative evaluation of student learning.* New York: McGraw-Hill.（梶田叡一・渋谷憲一・藤田恵璽（訳）（1973）『教育評価法ハンドブック』第一法規）

Bruner, J. S.（1960）*The process of education.* Cambridge: Harvard University Press.

大村彰道（編）（1996）『教育心理学Ⅰ―発達と学習指導の心理学』東京大学出版会

Skinner, B. F.（1968）*The technology of teaching.* New York: Appleton-Century-Crofts.

索引

あ行

愛着　52,113,121
アスペルガー症候群　21
アタッチメント　113
生きる力　186
移行対象　116
一試行学習　9
一斉授業　183
一般因子　97
遺伝　4
イド　47,107,133
意味記憶　73
インカルケーション　143
ウェクスラー式知能テスト　99,100
運動機能の発達　60
エコラリア　20
エス　47,107,133
エソロジー　6
枝分かれ型　179
エディプス・コンプレックス　134
エピソード記憶　73
演繹的推理　92
横断的研究　31
オペラント条件づけ　149,178
思いやりの道徳　140

か行

回帰効果　35
階層因子説　97
概念地図法　180
外発的動機づけ　161
書きの発達　86
学業的援助要請　173
学習環境　11
学習障害（LD）　23,77,84,103
学習理論　49

仮説実験授業　182
学校学習のモデル　15
カナー症候群　19
感覚運動期　42,93
感覚記憶　71
環境　4
観察学習　153
観察法　36
完全習得学習　16,179
記憶方略　75
基準関連妥当性　30
帰属理論　163
帰納的推理　92
機能的連続　41
強化　147
教師期待効果　171
均衡化　41
具体的操作期　42,93
グループ学習　183
クロンバックの α 係数　29
K-ABC 心理・教育アセスメントバッテリー　103
形式的操作期　42,93
形成的評価　16,179
系列位置効果　70
結晶性知能　101
原因帰属　163,188
顕在記憶　73
原始反射　67
高機能自閉症　21
向社会性　127
構成概念妥当性　30
構造的不連続　42
構造論　107
行動主義　49,146
光背効果　35
広汎性発達障害　26,77

刻印づけ (imprinting)　6,51
心の理論　19
個人差　14
古典的条件づけ　147
個別授業　183
コンピテンス　12,168

さ　行

最近接の発達領域　46
再生　74
再テスト法　28
再認　74
サヴァン症候群　20
作業記憶　72
CAI　179
シェイピング　150
自我　47,107,133
視覚的断崖　59
ジグソー学習　17,185
試行錯誤学習　148
思考　92
自己決定理論　166
自己効力感　186
自己省察　187
自己中心性　94
自己調整学習　159,186
自己調整機能　141
自己ペース　178
思春期スパート　56
実験者（期待）効果　34
実験的研究　33
実行機能　76
失語症　85
質問紙法　37
自発的回復　147
自閉症スペクトラム　19
社会的学習理論　49
社会的責任目標　173
社会的認知の理論　50
社会的ルール　127

社会文化的理論　45
自由遊び　126
集団行動　126
縦断的研究　31
授業過程　176
授業書　182
障害　18
生涯学習　9
生涯発達　9
消去　147
状況的学習論　157
条件刺激　147
条件反応　147
情報処理理論　42
処理水準　75
新行動主義　146
身体の発達　54
信頼性　28
心理検査法　39
遂行コントロール　187
スキーマ　155,180
スモール・ステップ　178
　──の原理　150
精神分析　107
　──理論　47
生態学的理論　52
性的成熟　57
積極的反応　178
折半法　29
宣言的記憶　73
宣言的知識　155
先行オーガナイザー　150,180
選好注視法　68
潜在学習　151
潜在記憶　73
前操作期　42,93
漸増的（連続的）学習　9
総括的評価　16,179
相関的研究　32
即時強化の原理　150

即時フィードバック　178
素朴心理学　45
素朴生理学　45
素朴物理学　44
素朴理論　44

た 行

対象恒常性　117
対人関係　123
対人認知　119
体制化　75
代理強化　154
代理罰　154
多因子説　98
TARGET　169
達成目標　165
妥当性　30
短期記憶　72
知識獲得　3,155
知能　96
知能指数　100
チャンク　72
注意欠陥多動性障害（ADHD）　23,78
中核的知識の理論　43
長期記憶　73
超自我　47,107,134
調節　41,156
直線型プログラム　178
ティームティーチング　17
テキストからの学習　82
テキストの学習　82
適性処遇交互作用（ATI）　15,184
手続き記憶　73
手続き的知識　156
転移　158
同一要素説　158
同化　41,156
洞察学習　151
道徳　131
道徳的葛藤　138,143

道徳的条件づけ　148
道徳的心情　132
道徳的判断力　132
特性論　106

な 行

内発的動機づけ　161
内容的妥当性　30
ナラティヴ・セラピー　111
2因子説　97,98
認知地図　152
認知発達理論　93,136,137

は 行

バズ学習　17,184
パーソナリティ　105
発見学習　181
発達加速現象　58
バビンスキー反射　67
ハロー効果　35
般化　148
反社会性　127
ピアジェの理論　41,93
ピア・モデリング　172
比較行動学理論　51
ピグマリオン効果　34,113
非社会性　127
非宣言的記憶　73
ビッグ・ファイブ　106
ビネー式知能テスト　99
ヒューリスティックス　111
敏感期　6
部分強化　150
プライミング　73
ブリーフセラピー　110
プログラム学習　16,150,178
分化　148
分離個体化理論　114
平行テスト法　29
ホーソン実験　34

保存　94

ま 行

マスタリー・ラーニング　179
自ら学ぶ力　186
無条件刺激　147
無条件反応　147
メタ記憶　75
メタ認知　12,76,159,186
面接法　38
メンタルモデル　11
目標理論　165
モロー反射　67
モラル・ジレンマ　143

や 行

役割取得　124
有意味受容学習　156,179
幼児健忘　74
予見　187
読みの発達　80

ら 行

ライフ・ストーリー　110
リハーサル　75
リビドー　48
流動性知能　101
臨界期　6,51
類型論　105
連続強化　150

編著者紹介

多鹿秀継（たじか　ひでつぐ）
　1976年　　京都大学大学院教育学研究科博士課程（教育心理学専攻）退学
　現在　　　愛知教育大学教授・教育学博士
　専攻　　　学習心理学
　主著　　　教育心理学―「生きる力」を身につけるために―　サイエンス社
　　　　　　記憶研究の最前線（共編著）　北大路書房
　　　　　　算数問題解決過程の認知心理学的研究　風間書房
　　　　　　記憶の検索過程に関する研究　風間書房

竹内謙彰（たけうち　よしあき）
　1988年　　京都大学大学院教育学研究科博士課程（教育心理学専攻）退学
　現在　　　愛知教育大学教授・博士（教育学）
　専攻　　　発達心理学
　主著　　　空間認知の発達・個人差・性差と環境要因（編著）　風間書房
　　　　　　空間認知研究ハンドブック（共監訳）　二瓶社

発達・学習の心理学

2007年3月20日　第1版第1刷発行

編著者　多鹿　秀継
　　　　竹内　謙彰

発行者　田中　千津子

発行所　株式会社　学文社

〒153-0064　東京都目黒区下目黒3-6-1
電話　03（3715）1501代
FAX　03（3715）2012
振替口座　00130-9-988423

Ⓒ H. Tajika/Y. Takeuchi 2007　　　印刷／シナノ印刷
乱丁・落丁の場合は本社でお取替します。
定価は売上カード，カバーに表示．

ISBN 978-4-7620-1666-0

ヴィゴツキー著／柴田義松監訳 **文化的-歴史的精神発達の理論** 菊判 416頁　定価 3360円	精神発達を文化的・社会的環境や教育との関係の中で捉え，幅広い理論的考察を展開。ヴィゴツキーが自らの研究方法論に基づく精神発達の理論を体系化した「高次精神機能の発達史」の邦訳ここに復刻。 1454-0 C3011
ヴィゴツキー著／柴田義松訳 **芸 術 心 理 学**〔新訳版〕 菊判 384頁　定価 3150円	「芸術から作者または読者の心理を推論する」のでなく，「作者や読者にはかかわりのない純粋の無人称芸術心理学を研究する」という幅広い分野への示唆に富む巨人・ヴィゴツキーの文学理論の全訳。 1585-7 C3011
ポーリン・ボス著／南山浩二訳 **「さよなら」のない別れ 別れのない「さよなら」** ―あいまいな喪失― 四六判 208頁　定価 2100円	行方不明や離婚での別離等，家族や恋人ら親密な人との'曖昧な'別れは人々に非常に強い苦悩を生じさせる。この「曖昧な喪失」とどのように向き合えばよいのか。その出口をみつける道標に。 1412-5 C3036
ジャン・ドレイ，ピエール・ピショー著 菊池貞雄訳 **医学的視点からの心理学** A5判 607頁　定価 9975円	身体的な基盤を重視しながら現存する精神医学的，心理学的事実を織り込みつつ米英独露また仏の心理学者の業績を数多く紹介。精神科医，臨床心理士の日常の実際の臨床に役立ちうる懇切な構成。 0808-7 C3011
辻村英夫著 **心 理 学 の 世 界** A5判 328頁　定価 3045円	心理学とは何か・発達と教育・教育と学習・適応と不適応・個性と性格・集団と社会・臨床と健康・カウンセリング，と8章構成で心理学を概説。初学者むけの概論テキストに最適。 1067-7 C3011
坂元昂監修　高橋秀明・山本博樹編著 **メディア心理学入門** A5判 256頁　定価 2520円	メディアを＜受け取る・使う・デザインする＞の3つの観点から人間を取り巻くさまざまなメディアに関する最新の研究の成果をわかりやすく紹介。包括的な「メディアサイコロジー」構想をここに。 1170-3 C3011
坂元　章編 **メディアと人間の発達** ―テレビ,テレビゲーム,インターネット,そしてロボットの心理的影響― A5判 264頁　定価 2835円	メディアは人間の発達にどのような影響を及ぼすのか。急速に発達・拡大しているとくに心理学と関連分野における最新の実証研究の成果を紹介し，動向とその成果について網羅的かつ組織的に考察した。 1262-9 C3011
吉武光世編著 **はじめて学ぶメンタルヘルスと心理学** ―「こころ」の健康をみつめて― A5判 248頁　定価 2520円	メンタルヘルスを理解するのに必要な心理学の基本的知識や心理検査，こころの病，心理療法等について具体例をまじえながら解説する。「こころのはたらきを理解する」「こころを支える」の2部構成。 1374-9 C3011